Money錢

Money錢

Money錢

Money錢

改變 10 個生活小細節帶來巨大財富

致富習慣

Millionaire Habits | How to Achieve Financial Independence, Retire Early,
and Make a Difference by Focusing on Yourself First

史蒂夫‧艾德卡克
（Steve Adcock）

contents

PART 1
千萬富翁的 10 個習慣

PART 2
如何實現「FIRE」

寫在前面

沒有人會因為找藉口而致富。我不會，你也不會，沒有人可以如此。藉口無法建立財富，如果可以的話，那世界上早就人人都是富翁，不是嗎？

因為藉口永遠不嫌少。

「我沒有時間！」

「我不夠聰明！」

「我不是富二代！」

聽好了，小可愛：我並不是要告訴你，人生會一帆風順，只要你相信自己，然後圍著一團營火高唱《歡聚一堂（Kum-baya）》，好事就會從天降臨。

人生並非如此運作。沒錯，相信自己是好事，但是必須在信

念背後付諸行動，才能讓我們實現驚人的成就，例如，成為千萬富翁。無法付諸行動的希望，那希望永遠只是希望。千萬富翁並非只是單靠懷抱希望而致富。

在這整本書裡，我都會用下面簡單的三句話回應上面三個藉口：

「你絕對有時間！」

「你絕對夠聰明！」

「不是富二代又如何，誰在乎！」

所有人的一天都只有 24 小時。問題不在於時間充不充足、你夠不夠聰明或是不是含著金湯匙出生，這些都是藉口。有成千上萬成為千萬富翁的人，並不是因為繼承父母的遺產而來，或是在學校時每科成績都拿 90 分。所以你當然也可以成為其中之一。

我在成長過程中深受學習障礙之苦。由於學習速度跟不上其他同學，在我整個中學時期，學校強制我上「基本技能課」，而我的同學投以同情地稱我為「學習障礙者」。基本技能課給了我額外的時間讓我在學校做完我的作業，不必再上其他「真正」的課程。所有患有「學習障礙」的孩子都「享有」一樣的基本技能課待遇。

顯而易見，我的學習障礙是因為我的學習方式不同於一般人。我必須花更多時間在掌握概念這件事上，尤其是數學。我很難理解那些其他孩子似乎一次就能弄懂的觀念。簡單來說，我不是一個所有科目都成績優秀的學生。我在理科部分表現出色，但

其他科目只要有 B 就心滿意足。我高中畢業的成績只有 2.7 GPA（Grade Point Average，成績平均績點）。

但你知道嗎？這根本無關緊要。我的妻子寇特妮和我在我們 30 歲出頭時就成為了千萬富翁，而我們的高中畢業成績都並非名列前茅，當然也沒有進入聲譽卓著的大學就讀。我也從未繼承過什麼遺產，甚至也沒有自己的事業。我們只是朝九晚五的普通上班族，工作存錢並進行投資，然後等待它成長如此而已。

換句話說，我想告訴你的是，我並不是一個有獨特天分的資優生。在大半的青春歲月我也不認為自己是聰明的人。儘管如此，我還是實現了自己從未想過的人生。我想說的是，你也可以。只要是活在這個工業化時代的世界，幾乎所有事皆有可能。

在我們的故事裡並不存在什麼魔法。沒有快速致富的捷徑。我用來建立財富的所有方法，每個人也都可以使用。而這是從培養能夠吸引金錢和成功的可重複性習慣開始。沒錯，大多數的千萬富翁並不追逐金錢。

他們吸引金錢。

因為高薪，我們可以在 30 多歲就退休；但不是所有人都做得到。不要用我們的退休年齡和你自己的進行比較，因為重點不在此。

你必須做的是從這本書吸取觀念，並在你的生活中實踐，然後在你想要退休的年齡退休。如果這代表你必須工作到 55 歲，那也沒有問題。我也曾經和許多完全不想退休的人聊過，因為他們熱愛他們的工作。這樣也很棒！因為每個人的目標都不同，你

需要的是你自己的目標。

這本書講述的全部都是有關千萬富翁的習慣。透過書中的篇章，我們會討論千萬富翁的習慣是什麼、他們如何工作，以及你可以在自己的生活中運用的方法。在第一部分每一章的結尾，會列出你可以實行的特定行動步驟，也就是該章所講述的習慣。千萬不要略過它，因為這是最重要的部分！

好消息是，你不需要賺很多錢才能讓這些習慣發生效用。所有你需要的就是成為家族中第一個千萬富翁的動機和渴望。

但我首先要提醒你的是：你不能害怕自私。千萬富翁大都是自私的人，但並不是你可能會以為的那種自私。千萬富翁明白，自己的人生要自己負責，別無他人，即便是家人也不例外。所以你也必須了解這點。把自己放在第一位沒什麼不對。這就是你應該抱持的態度。

如果你對把自私當成一件好事感到困惑，先不用擔心。我們所說的是健康的自私，在稍後的第二項習慣，我們會說明為什麼它是建立龐大財富的關鍵要素。現在，你只要了解，要為你和你的家人打造一個財務安全的未來，自私至為關鍵。

我們30多歲後在一輛Airstream露營車上退休

我們的故事說來有點特別。從我第一次踏進辦公室的那一刻，我就知道「全職工作」不適合自己。雖然還沒完全弄清一切

（事實上離弄清還差得老遠），但我知道 45 年的全職職涯不是自己期待的未來。

在這本書裡，我會說明我們計畫在 30 多歲就退休的細節。現在你只需要知道，那時我和我太太賣掉了我們的房子、買了一輛 Airstream 露營車，然後開始「全職」環遊全美國。整整 3 年，那 200 平方英尺大的露營拖車就是我們唯一的家。如果你覺得 200 平方英尺聽起來很小，沒錯，它真的很小。此外，請再加上兩隻狗狗，你大概就可以想像我們的「後工作」時代生活風格樣貌。

這樣的生活至少持續了 3 年。

這實在是好玩的要命。我們造訪了美國許多令人驚喜的美妙地區。我們花好幾天穿越森林健行、欣賞國家公園（你去過猶他州嗎？），還探索了不同的葡萄酒廠和啤酒廠，這真的是樂趣無窮。但經過 3 年後，我們已經做好準備，打算在屬於我們的一塊小土地上定居下來。

2019 年，我們在亞利桑那州南部的沙漠買了 7 英畝的土地。我們家完全不仰賴公用水電。我親切地把我們家稱為「自給自足式抗衰退房屋」，從 2023 年的經濟情勢考量，這個稱號實在太貼切了！

以上關於我自己的介紹，到目前為止已經足夠。接著就讓我開始說明，這本書將如何改變你的人生，無論你的夢想是什麼，都可以讓你像我們一樣付諸行動去實現它。

如何使用這本書

這本書分成兩個部分，我強烈建議你按照順序來閱讀。第一部分說明千萬富翁的 10 個習慣，以及他們建立財富的時間表。這些習慣是你在職場內外達成所有一切的基石。千萬富翁運用這些習慣打造賺錢的職涯，並且擁有令人心滿意足的生活，讓他們每天早上都迫不及待地醒來準備展開美好的一天。

第二部分我們會深入探討「FIRE」，也就是財務獨立提早退休（Financial Independence Retire Early）。年紀較輕者運用這些千萬富翁的習慣只需要努力工作幾年，就可以在 30 多歲或 40 多歲時離職退休（就像我們）。雖然「FIRE」並不適用於所有人，但其策略仍然可以讓你擁有非常非常富裕的人生。如果你並不想提早退休，那也沒問題！但還是不要跳過這個部分。實現財務自由依然是目標，且一旦達成，你會驚訝地發現它為你開啟的生活方式選擇。

如果你已經準備好把自己舊有的思維拋在一邊，不瞻前顧後猶豫不決，開始培養吸引財富的習慣，那就請你繼續讀下去。

因為你來對地方了！

PART 1

千萬富翁的10個習慣

The 10 Habits of Millionaires

建立財富的時間表

就像這句名言:「羅馬不是一天造成的」,財富也是。在深入討論關於千萬富翁的習慣其具體細節之前,我們先來聊聊幾乎所有人都會經歷的財富建立過程。所有的千萬富翁都會經歷這項過程,包括我自己。每個階段的快慢因人而異,但相同的是幾乎不可能跳過這些基本步驟的任何一段。

說來感傷,有些人全部的人生都獻給了工作,卻還是沒能抵達最後一個階段,這本書可以確保你不會成為其中之一。我喜歡把這個過程稱為「建立財富的時間表」。它是從以全職和兼職工作同時賺取收入為起點,終點則是達成財務自由,意思就是此後你再也不需要工作賺錢(如果你還是選擇工作當然也沒問題)。

想像一下,每天早上醒來沒有可怕的鬧鐘聲,不必馬上得決定今天該做什麼,這就是所謂的達成財務自由。它讓你有選擇的權利,讓你可以完全掌控自己的人生。

有些人可能得花上數十年才能達到這個目標，有些人可能只需要 4、5 年。但除了少數例外，這個時間表是我們所有人都會經歷的累積過程。

這包含 6 個階段的「建立財富的時間表」如下圖所示：

現在讓我們來看看每一個階段會經歷的狀況。

階段 1 **以正職和兼職工作同時賺取收入。**這是一切魔力發揮作用的起始點。累積財富從賺取收入開始。沒有賺取收入卻想要建立財富，那是緣木求魚，除非你是有龐大遺產可以繼承的幸運兒（這種情況比你想的要少很多）。收入越多就有越高的成長潛力（但也有可能變成花的越多，這部分我們在這本書稍後也會討論）。

大部分的人都是靠全職工作賺取收入。然而，兼職可以加快收入累積的速度。舉個例子，比方你可能可以藉由設計網站、幫人遛狗，或在週末幫人整理庭院賺取一點小小的額外收入。感興趣嗎？在習慣 #3 這一章我們會討論把你的收入最大化的方法。無論來自何處（當然不包括非法來源），你賺的每一塊錢，都會讓你和財務獨立的目標更靠近一步。

能賺取高薪當然再好不過，但你不需要年收數百萬才能達到財務自由。高薪只是縮短你達成階段 6 的時間。

千萬別忘了這只是一個過程而不是比賽。

階段 2 準備好可用 3 到 6 個月的緊急備用金。準備一部分金錢用來支應非預期狀況的支出，這就是你的緊急備用金，而且它必須優先於投資 —— 而且務必優先於非必要性支出。

至少準備可供生活開銷使用 3 個月的緊急備用金，它可以讓你支應大部分的緊急財務需求，例如突然失業、屋頂漏水或是任何需要現金的狀況。多數「財經專家」大都建議要準備 3 個月的緊急備用金，我則是建議準備 6 個月，因為那會讓你感到加倍的安全。

無論是選擇 3 個月還是 6 個月，取決於你的風險承受能力，以及你是否為雙薪家庭。我們會在習慣 #7 這一章，進一步討論你應該準備多少的緊急備用金。

你的生活開銷包括每個月所有的支出，如下所列：

- 租金或抵押貸款；
- 公用支出費（電費、水費等）；
- 食物及雜貨；
- 保險（醫療、汽車）；
- 電話費；
- 房屋維護，例如清潔費。

每個月所有的支出就是你生活開銷的一部分。

舉例來說，如果你一個月的支出是 5,000 元美元，那就存 3 個

月到 6 個月的金額,也就是 1 萬 5,000 到 3 萬元美元。你可能會想,「等等,這可不算是一筆小數目!我沒那麼多錢可以存!」

沒關係,3 到 6 個月是一個目標,這需要時間來達成。在這本書稍後我會教你如何運用自動化的技巧,正確且輕鬆地準備你的第一筆緊急備用金(如果你已經做到了,那請提高它)。相信我,這比你想像的還要簡單許多。

我們會在習慣 #7 這章進一步討論緊急備用金,以及如何設定你的第一筆緊急備用金。

階段 3 投資增值性資產。沒有人只靠存錢就致富,投資才能建立財富。而投資總是伴隨風險,但長期投資增值性資產,是大多數人可以建立足夠的財富,以達到財務自由的方法。

長期性的投資包括:

- 股票;
- 傳統的 401(k) 退休福利計畫和 Roth IRA 個人退休帳戶 [1];
- 不動產(房地產和住家);
- 指數型基金、共同基金和指數股票型基金(ETF);
- 黃金、白銀和其他貴金屬;
- 收藏物,例如藝術品、古董和稀有的硬幣。

---

1. 譯註:401(k) 退休福利計畫,是美國於 1981 年創立的一項延後課稅的退休金帳戶計畫,美國政府將相關規定明訂在國稅法第 401(k) 條中,故簡稱為 401(k) 計畫。401(k) 計畫由雇主申請設立後,勞工每月可提撥某一金額薪水至其退休金帳戶。當勞工離職時可以選擇將其中金額撥往個人退休金帳戶或是新公司的 401(k) 帳戶。Roth IRA 則是一種特殊的個人退休金帳戶,允許低於一定收入上限的個人每年繳納固定數額的資金作為養老金。你可以把它們想成台灣的勞保和勞退。

　　股票市場是千萬富翁用來隨時間累積財富最常見的工具之
一。大多數的千萬富翁都是將每筆薪水的一部分用於投資股市，
然後經過 20 年、30 年或是更長的時間，得到持續成長的回報。
這稱為平均成本法，或是你可能比較熟悉的定期定額投資法。我
們會在習慣 #6 這章進一步討論。

　　階段 4 　**自動化儲蓄並盡可能地投資。**自動化是千萬富翁無
須仰賴紀律和猜測兩種方法來累積財富的秘密。這就好比每輛新
車是由人類員工鎖緊每一顆螺絲，或是經由機器組裝產線完成，
兩者之間的差異。它不僅簡單，還具有可重複性和一致性。

　　自動化的意思就是使用計算類應用程式將事務例行化，在設
定好的時間間隔代替我們採取行動。只要我們設定好這些例行事
務，它們就會自動運作，不再需要人為的介入，我們連一根手指
頭都不必動！自動化可以幫助我們更輕鬆地度過階段 1 到階段 3，
因為我們不再需要靠自己記住什麼時候該存錢和投資，也不必親
自在不同的銀行帳戶間轉匯金額，一切都會自動運作。

　　下面列出一些自動化的例子，包括：

- 你的雇主會使用薪資系統，自動把你薪水的一部分存入你
  的 401(k) 或 Roth IRA 帳戶；
- 帳單支付系統，可以用來支付相對固定的月度帳單，例如
  你的手機費、有線電視或串流平台費
- 預算規劃應用程式，可以每個月幫你從你的薪資帳戶轉帳
  到你的獨立儲蓄帳戶，自動幫你存錢。

在習慣 #6 這章我會說明設定財務行動自動化有多簡單。

階段 5 控制自己不讓生活方式膨脹。這句話聽起來可能簡單，但對許多人來說它卻是最困難的一個階段。所謂生活方式膨脹就是你賺的越多但花的也越多，也叫做生活方式通膨，它就像瘟疫，感染了許多人而使其受苦。我就對自己在 20 幾歲正值青春時的生活方式膨脹而感到罪惡。

問題就在這裡：當我們的生活方式跟著收入一起膨脹，那就更難累積財富，道理很簡單，因為我們會持續不斷地花更多的錢。針對這種情形我喜歡說的一句話是，你再怎麼會賺，都賺不過糟糕的花錢習慣。

當然，我們會看到高收入者開豪車、住豪宅、穿金戴銀，但你看到的只是表面，不是事物的全貌。有太多這種類型的「千萬富翁」，事實上都負債累累。即使擁有高收入，但這些人選擇了花大錢的生活方式，以至於他們無法累積財富。

這就是為什麼這個階段會比聽起來要困難許多。我們為了賺錢努力辛苦地工作，等到終於獲得加薪的回報，難免會想要花一點來慶祝獎勵自己。你想，加了這麼多班應該值得慰勞一下辛苦的自己吧？畢竟，如果光只是賺錢存錢，連拿一點點來慶祝都不行，人生豈不是太無趣了？

沒錯，這樣人生的確是毫無樂趣。

所以這個階段並不是要你犧牲自己的生活樂趣，要你做一個吝嗇鬼。當你偶爾想要犒賞努力工作的自己，或是為了達到某些成果時慶賀一番，這無可厚非。但是如果你想成為千萬富翁，那

把這種慶祝花費變成生活中的一種固定模式就不太適合。花光你努力工作換來的增加薪水，不會讓你變得更有錢。

這樣換來的可能只是家裡四處的閒置物品越來越多。

許多千萬富翁往往不願意談論，為了建立財富必須控制開銷，這個可能會讓人感到不自在的部分。但在習慣 #9 這一章，我會說明如何正確地平衡你的生活，使你和你的家人可以讓享受人生和建立財富兩件事同時並存。

階段 6 **財務獨立**。恭喜！你已經實現了最終目標！這是你如此努力工作才能達到的成就。你終於累積了足夠的財富，讓自己不需要再辛苦工作，當然有可能你會選擇繼續工作。

但別被蒙騙！永遠不要降低警惕心。如果你因此而開銷過於奢侈浪費，隨時都有可能失去你好不容易才達到的財務獨立狀態。

你如何知道自己已經達成財務獨立了？

在這本書的第二部分，我探究了許多千萬富翁使用的簡單公式，來計算自己是否已經達成財務獨立（或是還需要多少金額才能達成）。其中牽涉到的數學要比你想像的簡單許多。

建立財富的方程式掌控著我們成為千萬富翁的旅程。越了解它，你就可以越快完成這趟旅程。

在第一部分接下來的內容，我們會深入探討千萬富翁的 10 個習慣，它們將可以幫助你在最短的時間內度過這趟旅程的每個階段，同時不需要犧牲會讓你感到快樂的事物來換取目標的達成。

你準備好了嗎？

習慣 #1
千萬富翁勇敢說「好」

把你 10% 的時間花在自己的舒適圈，
把 90% 的時間用來擴展你的舒適圈。

在我 30 歲時的某一天，突然被叫進執行董事的辦公室。當接到通知的那一刻，我的好奇心就開始發揮功能。我心想，自己只是一個小小的軟體工程師，為什麼執行董事（我們都叫他班）這樣的高層會想找我說話？班是一位非常成功的人物，穿著昂貴的西裝進公司上班，賺了很多錢，而且有一間很大的辦公室。我之前完全沒和他說過話。究竟發生什麼事了？

我告訴自己，「這應該不是什麼好事。」

更糟的是，當天是美好的禮拜五，而我想起自己曾經在哪裡看過，老闆們經常在禮拜五請員工走路。走向班所在的那間大辦公室時，我感到無比的恐懼。而且當我看到辦公室裡的另一個人時，不但沒讓我的感覺好一點，我的恐懼反而更加深了。

在那裡的另一個人是人資！我心想，如果不是要炒我魷魚，

那為何人資會出現在這裡？

我在一張椅子上坐下來焦慮地等待，恐懼在我的胸口和腦海翻騰。當班一開口說話的瞬間，我就做好了心理準備。

接著，我整個人放鬆下來。

察覺到我的憂慮的班開口說道，「我不是要炒你魷魚，事實上，我要告訴你的事恰恰相反。」

原來公司砍掉了我上面的整個管理層，包括資訊技術總監、系統營運總監還有資訊長。就在短短一天之內，轟的一聲，他們全都消失了！

一整個早上整個資訊技術部門就在沒有領導團隊的情況下運作著，而且大家甚至都還不知道有這麼回事。

班繼續說道，「我們指派你擔任資訊技術部的總監接管一切，你的表現優異，我們有信心你比任何人都更能勝任這個位置。」

哇噢！

這是長久以來我夢寐以求的一天。自己終於成為部門老大，薪水翻好幾倍的一天。我是如此地渴望，渴望到幾乎都能嚐出那會是什麼滋味。而就在此時此刻，它終於發生了。

不過還有一個問題，一個小小的問題。

我並沒有領導管理的經驗！我從未有擔任過任何部門主管的工作經驗。我不知道該怎麼領導下屬，我只是一個才剛滿 30 歲的小小軟體工程師，怎麼會懂得什麼領導統御？而且我怎麼可能從一個整天安靜坐在自己小隔間裡寫程式的小工程師，變成一個坐在大辦公室的領導者，還要管理年齡快大上我兩倍的員工？

這可不是輕輕鬆鬆就能夠做到的事情。這不是要我成為一個普通的主管或領班，他們是要讓我成為整個資訊技術部門的主要管理者！這並不是我預期的下一步，我的下一步是成為一個小主管而不是總監。

雖然我想要對此道謝卻說不出口。因為我還沒準備好要在一天之內就連升兩級管理階層，尤其是自己並沒有任何領導經驗能夠倚靠。我知道這可能會讓自己成為一個出洋相的笨蛋。我怎麼可能從一個和大家一起工作的小員工，突然就立刻變成對他們發號施令的老大？

「好的，那我們就這麼做吧！」我回答。

等等，我剛剛說了什麼？我在心裡自問，「你瘋了嗎？」我是不是還沒搞清楚是怎麼一回事，就答應要開始換上西裝出席董事會議、管理數百萬美元的預算、進行績效考核並解決員工的衝突 —— 而且是在自己完全沒有絲毫經驗的情況下？

沒錯！就是這麼回事。

當時我還不知道，接受這個我還沒準備好的機會，接下這個跳了好幾級的高層領導管理職位，會是自己第一次感受千萬富翁習慣擁有如此強大的威力。這是一次測試。那時整個世界好像在對我說，你要抓住這個千載難逢的機會，還是繼續等待直到一切為時已晚？

我得到了提升自己職涯一個非常難得的機會。即便我覺得自己還沒準備好，但在內心深處我知道我必須說「好」。我告訴自己，「只要踏出這一步，我就可以慢慢弄清一切。」之後的確也

是如此，我犯過不只一次錯誤，一路以來我也邊做邊學。而就是那一個禮拜五，徹底地改變了我整個職業生涯的進程。

而這就引導我們來到千萬富翁的第一個習慣。千萬富翁勇敢說「好」。

但千萬富翁真的會對每件事都說「好」嗎？當然不是。但請你思考一下，我們往往都需要透過他人的視角才能發現我們自己的能力。我們自己可能看不出自己具備的能力，但也許有某個人可以。另一個人代表的是客觀的第三方，所以他們的認可具有某種特殊意義。

公司如果不相信我有能力扛下領導資訊技術部門的重任，也不會對我做出這樣的要求。他們對我的能力抱有如此絕對的信心，驅使我接受這項跳了好幾級的升遷。

這項升遷大大地改變了我的職涯前景。就在一天之內，我的工作內容從技術領域轉為領導管理。這項轉換讓我接觸到一個全新的世界，也讓我學習到獨一無二的技能，不僅可以接觸到不同的高層人士，也讓我在之後的職涯薪水不斷上漲。

短短一個禮拜，我的年薪就從 6 萬美元增加到超過 8 萬 5 千美元。在當時的 2012 年，對一個 30 歲的年輕人來說，這可是一筆可觀的數目。

也許擔任一個領導者並不適合每個人，但請你進一步思考這個決定對我整個職涯的賺錢潛力所代表的意義。對這項升遷說「好」，讓我的薪水步上了不同的軌道，是高很多的那條軌道。

大多情況的加薪幅度都是以百分比為單位計算。你的薪水越

高，你就可以在你的薪資單上看到更多新增的金額。

舉例來說，6 萬美元的年薪加薪 5% 是 3,000 美元。所以你新的一年的薪水就是 6 萬 3,000 美元。

而 8 萬 5,000 美元的年薪，加薪 5% 是 4,250 美元。你新的一年的薪水就將近 9 萬美元。所以只要你的薪水越高，加薪時提高的金額也會越大。

更高的薪水會讓收入呈指數型增加。

請你看看下面這張表格，它列出了上述兩種年薪隨著時間每年加薪後的數字。請注意 8 萬 5,000 美元年薪相較 6 萬美元年薪，加薪後的年薪數字成長速度快了多少。

6 萬美元薪資的成長		8 萬 5,000 美元薪資的成長	
年度加薪百分比	年薪	年度加薪百分比	年薪
5%	$63,000	5%	$89,250
6%	$66,780	6%	$94,605
7%	$71,454	7%	$101,227
8%	$77,170	8%	$109,325
9%	$84,115	9%	$119,165

短短 5 年，兩者的薪資就有顯著的差距。

一開始兩者的金額差了大約 2 萬 5,000 美元，但 5 年後相差的金額又**額外**增加了 1 萬美元。

這就是所謂指數型成長的魔法，因此我對那次升遷說「好」很明顯地對我的收入產生了極大的影響。而上面這張表格的數字是假設你一直都待在同一家公司，如果跳槽的話那通常會有更高

的加薪幅度。

有 4 項理由能夠說明為何更常說「好」可以幫助你成為千萬富翁。

理由 1 說「好」可以幫助你克服你的恐懼和缺乏信心的不安全感、應對壓力和排斥心態，並突破自己的舒適圈，讓你不會因此而退縮。它會創造一種狀態，能夠讓人將拒絕和失敗視為過程的一部分，而不是阻礙成功的路障。它可以健康地重新訓練你的大腦先去勇敢接受新事物，然後邊做邊學，最終迎接巨大的成功。

說「好」並不只是一個決定，它是一個能夠幫助你建立積極正向態度和自信心的習慣。

理由 2 說「好」可以讓你變得更聰明。不論之後是成功或者失敗，你所做的一切都會讓自己變得更加聰明。你從中所獲取的新經驗，能夠幫助你了解自己並培養新的興趣。經驗＝智慧。

你越常說「好」，就有越多機會接觸新事物和經營事業的新方法。說「好」能夠幫助你培養新的賺錢技能，讓你在未來賺的更多，因為它會讓你不斷地向前邁進、突破自己並勇於嘗試新事物。我獲得的那次升遷，讓我學會了寶貴的領導技巧，對我往後的職涯有龐大的助益。

如果一直待在舒適圈內，我們很難學習到新事物。只有跨出舒適圈，在現實生活中自我挑戰，我們才能持續不斷地學習。

理由 3 說「好」可以立刻擴大你個人和工作上的人脈網絡。我非常相信一句話，「你懂什麼不是重點；重點是你認識什麼人。」在我的第二份工作後，每一個新職務都是來自我工作上

人脈網絡中的某人直接介紹（公司最喜歡員工為空缺職務推薦人選）。你越常說「好」，就可以認識越多人。

你的人脈網絡越廣，你就能得到越多的機會。我總是喜歡每個月和我的朋友以及工作人脈網絡裡的至少一個人見上一次面。彼此定期的保持聯繫，可以在自己未來可能需要對方幫忙時開啟溝通管道。

理由 4 說「好」會讓你的生活更有樂趣。每一次當我說「好」的時候，之後都會從中得到許多樂趣。沒錯，在學習過程中有時候會遇到困難，但當我對每一次機會說「好」以後，都會學習到寶貴的經驗，因而讓我再得到下一次的新機會。

最終，我開始都可以從我說「好」的事物中獲益。我能夠更好的應對壓力、我可以在問題發生之前就先預見。我也明白自己幾乎可以對所有事情都說「好」，並在承擔之後弄清且解決幾乎所有的問題。只要勇於面對，邁向成功的路上會充滿樂趣。

讓自己說「好」的 3 種方法

對能夠讓自己成長的機會說「好」，並不總是像我獲得升遷這件事那麼容易理解。機會會以各式各樣的形式出現。只要稍加留意，你可能會驚訝地發現自己已經得到過許多機會。

例如：

1. 答應一個同事一起共進午餐的邀請。共進午餐是談論賺錢、

探討問題或是進一步認識他人的好方法。增進和朋友以及同事的關係，是獲得新機會的絕佳途徑。

2. **自願參與工作上的重大專案。**督促自己跨出自己的舒適圈，培養新的技能並結識新朋友。也許你會發現原來自己比想像中更有才華！

3. **和朋友一起開展副業。**副業就是可以在晚上跟週末開展經營的一項小事業。比方你的朋友是不是有一個利用機器人幫人遛狗的創業主意？聽聽他們的想法，如果有道理，那就一起打造這樣的遛狗機器人。

我是在建議你對所有的機會都說「好」嗎？

當然不是。**對所有事情**都說「好」未必符合你的最佳利益，如果我的意思是如此，那這會是我所給你最糟的建議。

例如，假設對一個新機會說「好」，卻會造成工作和生活無法取得健康的平衡，這樣可能就不是一個正確的選擇。顯而易見的是，如果讓自己參與太多事務因而過勞，這就不是一個好主意。

沒有人是透過讓自己工作得筋疲力盡來建立起龐大的財富。如此或許可以奏效幾個月或是幾年，但最終你都將會被在身後追趕的倦怠感淹沒。

此外，我極度深信你應該要跟隨自己的直覺。如果你的直覺跟你說「不」，那你最好就讓它來引導你的決定。比方我的直覺

就很少出錯！

再者，對一個機會說「好」，並不保證你一定就會成功。換句話說，說「好」並不必然代表一切就會順心如意。有時候你還是會失敗，而你必須接受這樣的可能性。

畢竟，能夠成功領導一個有 40 位員工的軟體開發部門，並不是每一個 30 歲的年輕人都可以得到的機會。但就算一次機會沒能成功，我們仍然可以從中學習到寶貴的經驗，幫助我們贏來下一次機會。

請開始擁抱說「好」的魔力，然後看著你的生活開始改變。

你的自我挑戰：在這個禮拜對一件新事物說「好」。在你讀這本書之前不會對它說「好」的某件事。就去試試看吧！從小事情開始就可以，事實上從小事情開始嘗試是很好的主意。比方邀請一位你想進一步認識的同事一起共進午餐。

付諸行動

如何讓自己更常說「好」

步驟 1 留意生活中存在機會的地方。請給這個步驟一點時間。它花了我好幾個禮拜，才讓我了解自己曾得到了多少機會（但卻因為說「不」，更容易而忽略掉）。

舉例來說，通常我可能會拒絕我覺得「太難」的專案，但它們往往是能夠讓我學習最多新技能以及擴展交友的大好機會。只有在面對某件簡單又過於理所當然的事情時才說

「好」，這樣的作法是錯誤的。

這些機會可能來自工作、朋友、家人、同學等。還記得兩個禮拜前來自某個同事寄來的一封想要跟你一起共進午餐的電子郵件？或是你選擇不投履歷的某個工作職缺？或是在公司全體人員面前，進行一項重要報告的機會？

這些都是可以讓你藉此證明自己的機會。

步驟 2 問自己這個問題：「我可以說『好』嗎？」。如果我可以說「好」，那是什麼在阻止我說「好」？是恐懼？還是這個機會真的不適合自己？我不想要你在這個步驟評斷自己，你只需要誠實回答。

以我自己為例，我說「不」是因為害怕。我害怕失敗，也害怕說「好」之後會讓自己看起來像個蠢蛋。但這都是錯誤的態度。說「不」會讓我因此錯失無數個能夠提升自己專業技能，並且結識成功傑出人士的途徑。

步驟 3 說「好」，除非你的直覺告訴你「不」。如果你已經說了「不」，再次和自己溝通而後改變主意，那也沒有關係。

假設你一整年都讓自己說「好」，那某些機會沒有成功也無傷大雅。重點是你必須跨出這一步，挑戰你的舒適圈，突破那些我們對自己設下的所有限制。

習慣 #2
千萬富翁是利己主義者

我們回饋和幫助他人的能力，
與我們的個人基礎深深相關。

大部分的千萬富翁是利己主義者。

但並非傳統意義上給人負面感的那種利己主義。以搭飛機做類比，千萬富翁們認為，如果有意外發生，那要幫助隔壁的乘客之前，首先必須要戴上自己的氧氣面罩。這是非常明智的思維：如果自己先掛了，那你誰也幫不了。

先戴上你的氧氣面罩，你的肺才能吸進氧氣，提供能量讓你的心臟繼續跳動、大腦維持警覺，你也才有力氣去幫助別人。所以當我說千萬富翁是利己主義者，指的就是這個意思。千萬富翁能夠成功，就是因為他們把自己和家人放在第一順位，其次才是工作、娛樂和社會責任。

因此我深信，優先考慮自己的需求，為自己的生活建立一個堅實穩固的基礎，是每個人所追求最健康也最明智的人生目標之一。

在我們繼續深入討論之前，我想先聊聊社會大眾的一項集體迷思。沒錯，上述這條準則還是有例外情形。有些千萬富翁的自私方式的確是不健康的。他們以欺騙、舞弊和偷竊來取得自己想要的東西。當這類事件發生時，我們通常可以在電視新聞上看到報導，或是從朋友和家人對工作上遭受公司不公平待遇的悲嘆得知。

當一個千萬富翁為了賺更多錢而犯罪，或是因此被揭發做了不名譽的事，這類消息很快就會傳遍大街小巷。新聞媒體最喜歡加油添醋地在電視上報導這類「邪惡的有錢人」故事，因而讓一種不正確的觀念滲進我們的大腦，也就是覺得大部分的有錢人都是不道德、充滿陰謀而且自私的。但這和事實截然不同。

截至 2022 年，美國有將近 2,200 萬名的千萬富翁。如果這 2,200 萬人中大部分都是邪惡的，那我們的世界應該會是另一種樣貌。邪惡將會滲入社會的每個角落，其他人也幾乎不可能累積財富養家活口。

幸運的是，大部分的千萬富翁並不邪惡。

你要如何實踐健康的利己主義？答案是你必須持續不懈地照顧好自己。

下面就讓我們來看看在 5 項重要的層面優先照顧好自己，可以讓你賺到更多錢、更快樂，而且讓你擁有更好的能力可以進行回饋。

健康的利己主義其含義

健康的利己主義不只是滿足我們的基本需求。沒錯，我們的確必須滿足生活的基本需求，例如能夠遮風擋雨的屋頂和每天晚上餐桌上的食物。這些需求永遠都是第一優先。

健康的利己主義除了能夠滿足基本需求，還可以讓你

● 享有充滿愛和支持的婚姻或是伴侶關係；
● 在家裡放鬆舒適，在辦公室活力充沛；
● 維持一種沒有憂慮和過度壓力的情緒狀態；
● 不只賺取能夠滿足基本需求的收入，還可以在累積財富的同時，擁有充足的財力去體驗生活中的美好事物。

當我們的身心不再受匱乏和憂慮所困擾，我們就可以自由地尋求回饋社會的方法並享受生活中的一切。

財務

金錢會影響你生活的所有層面。你開的車、住的房子、穿的衣服，還有你從事的休閒娛樂，這些全部無一不受金錢左右。你越可以聰明地處理金錢，你就會更加強大更加快樂，而且越能夠把它用在對你重要的事物上。

財務利己主義始於了解你的個人目標，並遵循 5 項至關重要的財務策略。下面我們就來看看這 5 項策略。

請跟著我一起往下探究，我保證這一切其實會相當合理。

財務利己主義的 5 大支柱

建立財務健康的 5 大支柱：

緊急備用金 你的緊急備用金就是為意外狀況支出所預留的資金，例如突然失業、修車費或是醫療費。將你的緊急備用金存在一個獨立的儲蓄帳戶，以防止不小心花掉這筆錢。你的目標是準備至少可以使用 3 個月的生活支出費用，包括租金或抵押貸款、公用支出費、伙食費、瓦斯費、旅遊和娛樂費等。

低消費負債 不是所有的負債都是壞事，但高利息的消費性債務當然不是好事。高利息的消費性債務包括信用卡、個人信貸以及百貨公司消費的分期付款。你的目標是維持低消費負債（最好是沒有），並還清現有的高利息債務。

避免只靠薪水過日子 你的晚餐有沒有著落得看你下個月的薪水，在現金上如此窘迫是最糟糕的情況。透過維持低水平的支出並最大化你的收入，讓自己有足夠的緩衝期，不需要等待你的下一份薪水才能滿足生活的基本需求。在習慣 #3 會進一步討論如何賺取更多收入。

建立財富 財富的建立是在你的整個工作生涯，透過儲蓄、投資並且做出聰明的財務決策而得來的結果。而你賺的錢必須比你花的要多，如此才會有足夠的資金投資增值性資產，例如股票、債券、ETF 和房地產。

個人財務目標 也就是所有你存下的資金用途，例如子女的教育基金、一趟加勒比海郵輪行的旅遊基金、退休後搬到一個更溫暖的地方等。

如果這 5 大支柱尚未被完成，那你就必須更自利地對待自己的金錢。

這 5 大支柱可以幫助我們建立足夠的財富，讓我們在自己想要退休的年紀舒服地退休。我們不能對金錢過於慷慨大方，而因此讓未來的財務狀況變的衰弱。把你的財務健康放在第一順位，能夠大大地提高你的財務穩定性，給自己更多資源來打造自己心中完美的生活方式。

所以我們怎能不更以財務利己主義來對待自己的金錢？想想下面這個例子。

假設你出門和幾位朋友一起吃晚餐。你有個好工作、賺不少錢，給人慷慨大方的感覺。你這個好人打算這一頓自己請客。帳單是 300 美元，你毫不在意，覺得反正自己收入不錯，有多餘的現金可花。你注意到服務生拿著帳單朝自己的方向走來，你隨手一揮，示意你要買單。

請客是好事，對吧？

沒錯，但從你整體的財務健康去考量，這可能不是最明智的決定。

付掉 300 美元的帳單是否符合你的最佳利益？

有幾種情境當你掏出 3 張印著班傑明大頭的百元大鈔，可能會讓自己陷入更糟糕的財務狀況。

例如，你失去應付意外狀況發生時可以存下的緊急備用金，比方隔天突然失業或屋頂漏水，還是需要一筆不小的修車費用，因而陷入債務危機。即使你身上有錢時，這些都不是有趣的事

情。而如果你身上沒錢，那就更不有趣了。

或者，你背負著信用卡債務，那你將會堆起像聖母峰那麼高的利息（信用卡的平均利率將近 22%！）[1,2]。如此高的信用卡利率將會阻礙你實現財務自由、破壞你的信用評分，而變得更加富有的則是那些信用卡公司。

換句話說，除非你的財務狀況已經穩固無比（請參照前述財務利己主義的 5 大支柱），不然，當一個好人可能會摧毀你儲蓄、建立財富的能力，以及成為千萬富翁的退休夢想。

也許這 300 美元可以用在其他更好的地方，或是就好好收在你的錢包裡。

你不需要為所有人的餐費買單，或是借錢給你的親朋好友，如果你的信用卡負債累累、只仰賴薪水過日子、不進行投資或沒錢可以存下來應付緊急情況，那你就更不能總是想當一個好人。

我的建議 健康的財務狀況是你最優先的目標，而不是用你的錢來「當一個好人」。切記，**你**是支付自己帳單、打造自己夢想生活，唯一負有責任的人。而金錢是這個方程式中極為重要的組成部分。

對你的錢自私一點沒有關係。良好的財務狀況永遠是你最優先應該考慮的。

---

1. McCann A. "Average Credit Card Interest Rates." (August 2023).
2. 譯註：台灣的部分，民國 104 年 2 月 4 日修正通過之銀行法第 47 條之 1 第 2 項規定「自104 年 9 月 1 日起，銀行辦理現金卡之利率或信用卡業務機構辦理信用卡之循環信用利率不得超過年利率 15%」。

健康

健康有兩種類型，兩者都很重要，而且兩者彼此都一樣互相倚賴。我們接下來要討論的就是這兩種健康：身體健康以及心理健康。

身體健康

先讓我們理解重要的一點：如果我們擁有良好的狀態，我們的感覺和表現都會較佳。我們會更加感到自己充滿活力，性生活也會比較和諧。我們還可以減少請假缺席的情況，因為規律的運動能夠強化我們的免疫系統，降低請病假的需求，進而提高我們獲得升遷和加薪的機會。

這同時也代表我們在醫療費用的支出相對減少。《紐約時報》曾經做過報導，在進入中年之前（或是中年期間），有規律運動習慣的人，在退休後**每年**可以省下 824 到 1,874 美元[1]。此外，運動通常還能預防肥胖、糖尿病、憂鬱症和失智症。維持或改善身體健康，不僅可以讓你看起來更有精神而且表現更好，同時還可以讓你的錢包保留多一點自己辛苦賺來的鈔票。

保持健康沒有壞處。只要我們的身體越強壯，不管我們追求的目標是什麼，我們的行動都會更有效果。再者，健康的人會更有活力更有創意，維持最佳狀態是能夠獲得自我回報最有效的方

---

1. Reynolds, G. "Lifelong Exercise Adds Up to Big Health Care Savings." The New York Times (2021).

法之一。

因此,你的健身房鍛鍊、瑜珈或是 Zumba 課程和跑步,都要安排在其他事務之前。拒絕所有會讓你分心的事物,直到你的鍛鍊完成。

我們如何開始做到優先考慮身體健康?

步驟 1 **這無法一步登天,別期待這種奇蹟**。先從生活中的重大改變開始——是的,從**更健康的生活**改變開始也可以——而它需要時間。畢竟,我們沒辦法在一夜之間就胖上十幾二十公斤,當然也無法那麼快就減掉它們。讓自己跟著節奏按部就班,然後給它一點時間。

步驟 2 **藉由行事曆讓其成為一種習慣**。從試著「抽時間」去健身房或是慢跑,取代為以行事曆安排時間進行,讓它們成為優先事項。行事曆將可以幫助你把新的例行健身活動變成一種習慣,而不是如果你有時間才會做的事情。

你是一個晨型人嗎?試著在開始工作前進行 30 到 45 分鐘的自我鍛鍊。如果早上沒時間,那就在下班後。幾年以來,我都會在午休的空檔到附近的健身房進行鍛鍊,可以讓我在下午的時間覺得精力充沛。鍛鍊完畢後我會坐在我的辦公桌前吃午餐。

你必須牢記的重要元素就是以行事曆安排你的鍛鍊。如果我們打算「如果自己有時間」才進行鍛鍊,那通常都會變成空口說白話,因為總會有某件事來占據你的時間。

步驟 3 **吃得更健康**。多攝取蔬菜和其他全天然食物能夠促進你的身體健康。像是菠菜、抱子甘藍還有綠花椰菜這樣的深綠

蔬菜就是很好的選擇。其他全天然食物包括所有的穀類，例如藜麥、燕麥片、莓果、堅果、種子以及魚類。想找健康的零食解饞？可以試試希臘優格、冷凍水果和鷹嘴豆泥。

如果你沒有時間自己採買健康的食材，也可以考慮使用生鮮食材外送服務平台，比方 Hello Fresh、Blue Apron 還有Sunbasket。只需挑選你喜歡的菜色，所有食材就會直接送到家門口，還會附上烹調說明。有些平台甚至提供即食餐點，讓你可以在家吃到更健康的料理，就跟你在下班回家路上順道買一份速食一樣方便。

步驟 4 **找一個能夠督促你的夥伴。**要做出巨大改變，對大部分的人來說都頗為困難，但如果可以找到一個能夠督促你，讓你對自己負責的人，那或許可以改變這種情況。

你剛剛開始一項自我鍛鍊的新計畫嗎？那請你找一位可以和你一起鍛鍊的健身夥伴。可靠的夥伴能夠督促你進行鍛鍊，即使在你心情不好的時候也不會因此中斷。

另一個有效的方法是使用手機 App 來讓自己保持積極的鍛鍊動機。MyFitnessPal、8fit 還有 FitBod 是 3 個不錯的選擇。此外還有很多的健身應用程式，你可以把它們安裝在手機上來追蹤你的健身進程，提醒你必須完成當天的鍛鍊。iPhones 使用者可以透過免費的「Fitness」應用程式來追蹤自己的活動並設定活動目標。Android 使用者則可以透過「Google Fit」應用程式來追蹤卡路里、根據活動成果賺取點數並追蹤每天行走的步數。

步驟 5 **別讓沒時間成為阻礙。**假如你沒有時間上健身房，

還是有很多方法可以改善你的體適能。例如，把車子停在離超市門口遠一點的位置，你就可以多走幾步路。爬樓梯不要搭電梯。利用午休時間在附近或是辦公大樓裡散步。如果你是彈性工作者，可以去買一張可調整的辦公桌，你就可以在一天中的部分時間站著工作。定期地起身站立能夠幫助你維持體態，還可以燃燒更多卡路里！

此外，充足適當的睡眠是提升活力、改善情緒以及促進心理健康的關鍵。

經驗分享 在週末通宵熬夜會讓你在週一上午的工作生產力變差。之所以會如此，是因為大幅改變我們的睡眠時間，會打亂我們的日夜節律。所謂日夜節律就是 24 小時週期間身體和心理的自然變化。我們的睡眠時間越一致，每天早上醒來就越容易做好準備來迎接嶄新的一天。

比方，當太陽升起時我就會自然醒來。同樣的，每當天色變黑不久，我就會感到疲倦。我用自己沉痛的經驗才學會不去抗拒這身體的自然反應，所以之後一律拒絕深夜的邀約，因為我知道那會毀了我第二天的早晨。

心理健康

已有研究顯示，規律運動的人擁有較佳的心理健康和情緒狀態，同時還能降低心理疾病的發生率[1]。

---

1. "Exercise and Mental Health." BetterHealth Channel (n.d.).

而影響我們心理健康最大的負面因素之一就是政治。

這也許是一個有爭議的論點,但我還是要繼續說下去:我深信,如果人們更加專注在自己的個人情況上,不讓對最新政治情勢感到的憤怒來消耗自己,那他們就會更加快樂、更加富有,而且對自己所擁有的一切感到更加滿足。

這是什麼意思?這並不是說爭取改變或參與政治毫無價值。歷史已經清楚地顯示,只有當人民挺身而出,爭取他們想要的改革時,政府才會有改善的作為。

然而,如果讓自己一直在政治中消耗,可能是一個非常不健康的習慣。

關鍵在於:

> 當生活中出現根本性的問題時,我們就會把注意力集中在那些讓我們分心的事物上。那些讓我們分心的事物——可能是政治、一個事件、一個社會議題,或是任何其他事——會讓我們容易忽略自我關注,也會讓我們變得壓力過大且易怒。到頭來,我們的工作表現和人際關係都會受到影響。

我要再次強調,這並不是說社會議題和政治事業不重要。相反的,我的意思是當我們想要尋找事物對抗,有時候其實是因為我們正試圖解決生活中令人頭痛的麻煩事而做的目標轉移。

這會讓我們花在對抗事物的時間多過於改善我們自身。

健康的利己主義在此就可以發揮它的魔力。當我們專注在自己的需求上,而不是每分每秒都消耗在政治中,或試圖去解決已

經存在幾十年的社會問題時，我們就能夠提升自己成為更有力的改變推動者，因為我們會更加壯大更有自信，而且沒有過度的壓力和憂慮，同時做好準備在我們的社會推動影響深遠的改變。

只有在我們的身心狀態允許的情況下，我們才能發揮最大的作用。請記住一個基本原則：參與政治、社會事業或任何對你來說重要的議題是一件好事，但千萬不要因此就忽略自己的需求。

如果你需要改善自己的心理健康，最好的方法就是主動出擊。找一個你信任的人聊聊自己的生活。或是打電話給緊急熱線，尋求免費的諮詢服務。如果你還沒準備好或是不習慣跟一個陌生人講電話，可以造訪 crisistextline.org 使用文字訊息溝通[1]。

工作

假設你一週工作 40 個小時，那一年加總起來就超過 2,000 個小時。這還真是一段天殺的漫長辦公室時光。而我們的工作也會對我們的情緒和心理健康產生深遠的影響。假如我們覺得自己薪水過低，心裡就會感到沉重。假如我們跟同事相處不對盤，心裡就會感到焦慮和挫折。而辦公室也不是可以讓事情失控的地方。

---

1. 譯註：在台灣你可以尋求生命線或張老師的協助，這兩個平台也有提供類似的服務。社團法人國際生命線台灣總會（life1995.org.tw）、財團法人張老師基金會（1980.org.tw）。

如果我們不夠小心，工作就有辦法耗盡我們的生活。

我要教你的就是不讓這種情況發生。

我們可以把工作中的健康利己主義歸結為 3 個主要層面：補償、工作與生活的平衡以及認可。

補償

要求加薪並非出於私心或貪婪，事實上剛好相反。

除非你盡其所能主動地爭取自己應得的補償，否則公司會放任不公平或是不恰當的情況繼續存在。

首先，請先確定你的薪水的確過低。我大概每兩年會使用一次求職網站，例如 Glassdoor 和 PayScale，來搜尋類似職務和公司最新的薪資水平。如果發現自己的薪資低於平均水準，我就會記下來，然後找老闆談談補償加薪。

請務必將超越你職務以外的任何額外職責納入考量。舉例來說，我第一個老闆原本聘用我擔任一位軟體開發人員，但最後卻變成負責公司的新實習生雇用計畫，也就是從本地的一所大學院校，招募年輕學生進行訓練。這明顯超出當初我進公司時擔任的職務，而我也以這份額外的職責為由，為自己爭取到加薪。

經驗分享：查查你老闆刊登的類似職務徵人啟事，如果上面列出的薪資比你的高，那就明顯地表示你的薪水應該調整。我就是用這個方法，讓我的某一任前老闆立刻就幫我加薪 4%，以符合新的徵人啟事上所列的數字。

下面的 4 種情況，可能表示你的薪水應該調整：

- 你已經有 1 年沒有調整生活成本；
- 你的職責增加，但薪水沒跟著增加；
- 你通過了某項專業檢定或取得更高的學位，使你變得更有價值；
- 某個朋友告訴你，他在另一家公司賺的比你還多。

如果你的薪水過低，那下一步就是找老闆談談加薪。但在那之前請先準備好相關的文件資料，能夠證明你的薪水的確低於應有的水準。

要求加薪不僅頗具挑戰性也可能帶來壓力。然而，這是確保你可以從工作得到應有報酬不可或缺的一部分。

我會在習慣 #3 這一章詳細說明如何要求加薪。

工作與生活的平衡

在工作和家庭生活之間維持一條健康的界線，並不代表你對工作不投入或不在意。這表示你把自己和自己的幸福放在優先順位。而你每一次做出這樣的考量，都將為你美好豐碩的人生立下堅實穩固的基礎。

我的人生中有一段時期，工作和生活失去了平衡。我總是一直在工作，連聖誕夜也一樣不例外地還在發送電子郵件。在感恩節等假期上工也不過就像普通加班一樣稀鬆平常，不是什麼意料之外的驚人之舉。

當時我一個禮拜工作 7 天，週休 0 天，沒有人覺得這樣不太

對勁（連我自己也一樣！）。我總是覺得自己在計算還有多少時間必須完成工作，或搞不清楚自己到底是不是有什麼工作必須完成。直到我胖了大概 75 磅（34 公斤），而且只不過是爬了一段樓梯就氣喘吁吁，才發現原來自己正在慢性自殺。

當時我把工作看的比任何事都還要重要，讓自己踏上這條不歸路。

我工作過度，結果讓我的健康退到次要的位置。工作讓我沒有餘力下廚，所以我總是在回家的路上找一家餐館或是速食店隨意吃點東西。這摧殘著我的健康，而且耗盡了我辛苦賺來的血汗錢。我的工作和生活平衡完全亂了套。

所以我必須做出改變。我知道這攸關著自己的未來是否幸福快樂。

而我也的確做了一個大大的改變。為了尋求工作和生活更好的平衡，我從維吉尼亞州搬到亞利桑那州，而我也真的找到了自己想要的。我當時還是單身，所以在全國各地搬來搬去也不是什麼大不了的事情。我在兩週前預先提出了辭職信，接著打包，然後開車往西而去。

但我們得面對現實：大多數人都沒辦法像我一樣，可以就這樣打包然後遠離一切。當結婚有小孩之後，要搬到另一個州有太多因素需要考量。還好，就算不搬家，也有其他方法可以讓自己擁有更多掌握工作與生活平衡的主控權。

下面列出的是為工作和生活取得更好平衡的 4 個方法。

1. 找你的主管、經理或人資聊聊你的憂慮。也許他們並不了

解你的狀況。好的公司會想確認員工是不是因為工作而心力交瘁。

下面這段話提供你做為談話時的參考：

> 過去 6 個月，我都加班超過 50 個小時，而且週末大部分
> 也都在工作，而這開始對我的精力產生負面影響。雖然我願意
> 為公司付出更多，但我也需要確保自己的健康和家庭生活不失
> 去平衡。所以我想討論一下稍微減輕工作負荷的方法，讓自己
> 有更多休息和陪伴家人的時間。

2. 為你的工作和家庭生活設下界線。例如，工作日晚上 6 點過後就不再檢查電子郵件，週末則是連信箱都不要打開。讓你的同事和老闆都清楚地了解，你離開辦公室就等於離開了電腦，所有和工作相關的事務就等到下一個上班日再說。

3. 多休息。對大部分的人來說只要在一天中多休息幾次，就可以幫助自己不被工作淹沒。事實上也有研究指出，在工作中稍作休息，可以幫助你再回到工作上時增加專注力和生產力。只需要幾分鐘就可以幫助你重置思緒、處理壓力然後再次恢復精力[1]。

如果你是在家工作，要讓自己離開電腦或許很簡單，然而，你必須對抗那些會干擾你讓你分心的瑣碎因素（電視、你的小孩、在烘乾機裡還沒收的衣服等）。

如果你是在辦公室工作，可以漫步到茶水間休息區，喝上一

---

1. "Take Back the Lunch Break." KRC Research (2017).

杯咖啡、茶或是開水。天氣好的日子，偶爾不妨在辦公大樓四周散散步。到外面散散步可以暫時轉換一下情境，對你思考問題並發現創造性解決方法有大大的幫助。

4. 換工作。 如果上面的方法都解決不了，那別害怕，就換個工作吧。如此不僅能夠幫助你找到一個和生活更為平衡的工作，還可以讓你得到更高的薪水。我在大約 15 年之間換了 4 次工作，每換一次工作薪水都增加了 15% 到 20%。你可能不希望太常換工作，然而這可能是可以賺更多錢、讓你和你的家人一起更上一層樓的有效方法。

認可

重視自己的貢獻並非就意味需貶低別人的工作。如果你為一個專案努力付出，達成一項重要的里程碑或取得重大成果，那麼舉起你的手，為自己要求一點表彰，這無可厚非。

就讓我透過下面這個小故事來告訴你，認可這件事有多麼的重要。

2015 年，公司的營運長要求我幫忙處理一份最高標的提案。那是一筆大合約，他希望我可以在這筆提案的技術性說明撰寫部分提供一些意見。積極且充滿幹勁的我欣然接受，心想，這也許是自己在公司闖出一番名號的機會。

我的意思是，能夠直接和營運長一起工作，這絕對是一次千載難逢的機會，沒錯吧？

我花了幾天時間撰寫，然後交給合約經理審閱。一個月後，

我的老闆把這份提案送交給客戶。合約經理也寄了一份副本給我，因為這份提案我也參與其中。

我不吊你胃口，就直接告訴你之後公司順利拿下了這筆合約。但這不是我跟你說這個故事的原因，讓我們繼續看下去。

我認為這是一個好時機，於是向營運長要求加薪。為了強化自己要求加薪的合理性，我提到這份贏下合約的提案當中自己撰寫的部分。自己幫助公司得到一筆數百萬美元的大單，要求漲一點薪水應該不為過。

但他的回應令我永生難忘：

我知道你參與了提案工作，但你認為自己對拿下合約有多少影響？你寫的很多東西我們都用不上。

哇！這真是一記重拳，我覺得自己被打敗了，甚至還有點難為情。如果他們用不上我寫的內容，那當初營運長為什麼要找我幫忙？也許自己撰寫的部分真的不夠好？

那個下午我非常地好奇，很想知道自己撰寫的部分到底有多少被保留在提案中。所以我看了一下合約經理寄給我的最終版文件。

當我讀著自己撰寫的技術性說明部分時，我的下巴都快要掉下來了。

接著我覺得自己的血液開始沸騰，就一點點沸騰而已。

公司不只用了我撰寫的內容，而且很多部分還一字不漏。我

撰寫的技術性細節段落也被整個保留。

為了確認自己沒有眼花還是記錯，我打開自己一個月前寄出的稿件再看一次。沒錯，公司大概使用了 80% 我撰寫的內容，純粹就是複製貼上。所以公司能拿下這筆合約，自己當然發揮了極大的影響力，但是我卻沒有得到任何應有的認可。

這是怎麼一回事？營運長告訴我他們刪掉了大部分我撰寫的內容，但事實並非如此。我撰寫的部分在這份提案中舉足輕重！

我無法形容自己當時的感受，我最初的反應只是純粹的憤怒。營運長在糊弄我嗎？他不知道提案裡有多少內容是我撰寫的嗎？或者他只是單純小氣，就算我的確值得加薪，但他也不想答應？

在那個當下，我必須做出一個情感上的重要決定。接下來的時間我都在思考自己下一步應該採取的行動。我不想因為一個輕率的決定而讓自己後悔。我曾經有過這種體驗，而且那一點都不好玩。

一方面，我可以忍受沮喪並且閉上嘴巴。也許這真的不是我爭取加薪的好時機。如果把事情鬧大會不會讓自己惹來臭名？

但另一方面，提案裡那些**內容的確**是我寫的，而且幫公司拿下一筆利潤豐厚的合約。我應該就這麼讓它過去，還是要把它視為我必須解決的問題？

我不能就這麼算了。我必須為自己說些什麼。

我以最專業的方式向營運長說明，我撰寫的內容幾乎一字不差地列在最終的合約裡。我出示最終版提案和我一個月前提交的稿件請他過目。於是他不得不承認我對拿下這筆合約所做出的貢

獻，然而這樣的結果是因為我站出來為自己爭取權益，而不是選擇就這樣算了。

最終我獲得加薪，也得到一個道歉。營運長的確不知道提案中我撰寫的部分有多少。這就只是一個單純的誤會。

雖然並非所有情況都能像我這次的經驗一樣順利解決，但在工作上站出來為自己爭取權益，是千萬富翁們用來確認自己的貢獻，是否得到相對應的認可和報酬的一種方法。為你的成績爭取應有的認可不叫自私，而是主動積極。而這些認可能夠幫助你獲得加薪、升遷還有其他機會，因為你證明了自己的確值得。工作中的每一項成就，都像是朝向終點線更加邁進的一步。如果你的成就無法獲得認可，那你就沒辦法邁出下一步。

千萬別忘記：如果你不站出來爭取自己的權益，那沒有任何人會幫你爭取。

付諸行動

如何實行健康的利己主義

步驟 1 **照顧好你的金錢。**除了你,其他人都沒有責任為你支付帳單或建立財富。不論是在餐廳請客買單、借給朋友一點現金,還是買一些一個月後你就會丟進壁櫥的無聊玩意,你的財務健康都必須優於這類支出。財務利己主義的 5 大支柱可以讓你不再為錢煩惱,遵循它們會幫助你做出最好的決定。

步驟 2 **照顧好你的身體。**健康可以讓我們比那些放縱自己且從不運動的人更加積極、自信還有快樂。如果你想要減少酒精攝取,那對邀請你到酒吧喝一杯的朋友說不也沒關係。或者你也可以答謝赴約,但不要因為是週末的夜晚就想著至少要暢飲到凌晨兩點。照顧好你的身體,你的身體也會反過來好好地照顧你。

步驟 3 **照顧好你的心靈。**你的心理健康對你的生活有深遠的影響,包括你賺的錢還有你的幸福。如果你需要時間靜一靜,那就找時間讓自己靜一靜。如果覺得有哪裡不對勁,那就把它說出來。如果你需要幫助,那就找個人說說話。如果你具備強大的心理素質,那要成為一個千萬富翁會容易許多。

步驟 4 **照顧好你的職涯。**在工作上為自己爭取權益。如果你認為自己應該加薪,那就去爭取。如果你的工作和生活平衡出了問題,你必須有更多時間來和家人相處,那就去找老闆或人資談談。如果你的成績沒有得到應有的認可,別默不作聲。畢竟,大好良機只有偶爾才會出現,一旦來臨你必須好好把握。

習慣 #3
千萬富翁最大化他們的收入

我不騙你，想要賺更多的錢可能不是一件容易的事情，但它卻是達成財務自由至為關鍵的要素，而且幾乎所有的千萬富翁對這件事都很有一套。

為什麼增加收入對想要成為一個千萬富翁來說這麼重要？這是因為通貨膨脹會侵蝕你所賺每一塊錢的購買力。

通貨膨脹就是當物價（包含各種商品和服務）隨時間上漲，進而降低金錢（貨幣）購買力的情況。通貨膨脹率受許多因素影響，例如供給和需求以及財政政策。別擔心，我不會用艱深的經濟學角度來跟你討論這個議題，否則你可能會想打瞌睡。你只需要記住最重要的一點就是，通貨膨脹會降低你賺的每一塊錢其價值，因此你就必須讓你的薪水每年都保持成長。

以房價當例子。

2000 年時美國的房價中位數是 11 萬 9,600 美元，如今則飆到

38 萬美元（而且持續上升中）。很簡單就可以算出，今天你要買同樣的一間房子得比在 2000 年時多掏出 3 倍多的金額。這就是通貨膨脹的結果。

你的目標：**讓你的薪水每年都成長高過通貨膨脹率。**

你可能會問，那是要多高？從 1960 年到 2021 年間，平均通貨膨脹率是 3.8%（全部加總起來超過 800%！）。這表示如果你的薪水每年沒有至少增加 3.8%，實質上你就是遭到減薪，因為你的購買力會持續下滑。物價上漲的幅度要比你加薪來的更高更快。

所以保持收入成長是再重要不過的事情！

下頁表格是美國勞工統計局所做的消費者物價指數變化表。請注意該數字急遽上升和下降的情形。這個表格證明通貨緊縮的情況較為罕見（也就是物價下跌），這 3、40 年來物價上漲的情況要更為多見。

在我還不到 30 歲時 1 年的薪水就達到了六位數（那時一年可以賺超過 10 萬美元就被視為高薪）。高薪讓我有更多錢可以用來儲蓄和投資，幫助我累積足夠的財富，讓我在 30 幾歲時就辭掉了在某大公司的工作。

這並不是因為我是公司裡最優秀或是最聰明的員工。事實上在曾待過的許多部門，我的能力只能說都相當普通。

我能夠將自己的收入最大化，是因為在自己的職涯中做對了幾件事情。而這些抉擇讓我的收入年復一年地持續增加。

消費者物價指數的年度百分比變化情形追溯（R-CPI-U-RS）
使用現行方法包含所有項目：1967 年到 2021 年

註：美國人口普查局使用美國勞工統計局（BLS）1978 年到 2021 年對所有城市的消費者物價指數追溯系列數據（R-CPI-U-RS）。2021 年，BLS 將這個調查系列（CPI-U-RS）重新命名為追溯系列。從 1967 年到 1977 年，人口普查局使用 BLS 來自 CPI-U-X1 系列提供的估計值。CPI-U-X1 是先前 CPI-U-RS 的一項實驗性系列，用來估計 1983 年之前採用現行租金等值法來衡量房屋所有權成本時的 CPI-U 通貨膨脹率。如需更多 R-CPI-U-RS 的相關資訊請造訪：https://www.census.gov/newsroom/blogs/random-samplings/2022/09/inflation-income-and-earnings-estimates.html。

資料來源：美國勞工統計局

跳槽

我讓自己職業生涯的薪水保持增加的方法，就是定期地跳槽。

每 3 年到 4 年，我就會尋找下一份工作。在我工作的行業，經常換老闆並不稀奇。幸運的是，這也幫助我的薪水持續增加，而且比通貨膨脹率還要**更高更快**。

根據一項調查發現，經常換工作的人，他們的薪資成長比那

些總是待在同一間公司的人要高出幾乎 50%[1]。50%！我的經驗就符合這項調查的數字。

一般而言，我的幾任老闆都會根據生活成本的增加，給予每年 3% 到 4% 的加薪以趕上通貨膨脹率。然而在我定期跳槽的那些年，**我都得到了 10% 到 15% 的加薪幅度**，這對大多數跟我一樣的同道中人來說稀鬆平常。

我的薪水成長輕鬆就超越通貨膨脹率，因為跳槽的薪資提升要遠高於我待在原本公司的加薪幅度。

換句話說，15% 要比 4% 高出許多。但這就代表你每次換工作都可以得到 15% 的加薪幅度嗎？其實未必，但數字不會騙人。平均而言，在職業生涯中定期換工作的人比那些沒有這麼做的人能夠賺到更多的錢。

但是也許你會想問，「是否有可能因為這樣而換工作換得太頻繁？」

沒錯，是有這種可能。如果太常換工作，那壞處是有可能會傷害你的工作前景。如果徵人的雇主或人資看到你履歷上過往的紀錄，覺得你可能來待個一、兩年就會閃人，那你也許會連面試的機會都沒有就直接出局，因為員工的流失和更替成本非常高昂。

當你打算跳槽時，務必謹慎思考自己換工作的頻率是否太高。在科技業，每 3 年到 4 年換一次工作很正常，但你所處的產

---

1. Kolmer, C. "26 Average Salary Increase When Changing Job Statistics." Zippia (2023).

業情況或許不同。此外也必須視你的資歷而定（資歷還不深的人通常比資歷高者要更常換工作）。

在向其他公司送出履歷之前，請確認你不會因為更換工作太頻繁，而影響自己順利覓得新職的機會。

開展副業

從事副業是在不換工作或是不要求加薪的情況下，讓收入增加的好方法（或是若你有適當的動機驅使，可**額外**要求增加現職收入的方法）。好的副業一個月可以為你帶來 500 ～ 5,000 美元的額外收入。這項額外收入會讓你的儲蓄和投資能力大為不同。

就如同其字面意義，副業就是你在本業工作之外的兼職（換句話說就是你在晚上和週末的工作）。從事副業的出發點是在你朝九晚五的正職工作以外創造額外的收入，同時也不會占用掉你全部的空閒時間。

而副業提供的額外收入可以幫助你對抗通貨膨脹。

舉個例子，比方你有一份年薪 8 萬美元的正職工作，然後每年的通貨膨脹率是 4%。所以一年之後你的購買力會減低 4%，這代表你一年必須再額外賺取 3,200 美元才能趕上通貨膨脹。展開一項一年可以創造 3,200 美元（或更多）額外收入的副業，才能確保你的購買力不受損害。

開展自己的副業小生意還有一項很大的好處。

　　當你在非預期狀況下失去你的正職工作時，副業可以提供一個安全網。有個備案計畫以防出現預期外的情況是很好的觀念。一項能夠獲利的副業，可以在你找到下一個工作之前提供額外的收入來源，幫助你支應你的帳單和開銷。

　　最後一點，副業可以在你朝九晚五的正職工作之外，賦予你目標感和成就感。把自己的愛好變成能夠獲利的小生意，可以讓你更加投入地追求你的愛好，而且有潛力把它變成你全職經營的事業。

　　有關開展自己的小生意的深入討論已經超出這本書的範圍，但是如果我不為你概括說明一下為數如此眾多的千萬富翁，他們建立自己副業的過程，那會是我的失責。

　　下面是開展你的小生意，涵蓋 6 個步驟的規劃藍圖：

步驟 1　承諾自己至少堅持一年

　　放棄很簡單，沒錯吧？真的，放棄真的太簡單了。

　　但請你挑戰自我，承諾自己要放棄一項副業再另起爐灶前，至少堅持經營一年。我看過太多人幾個月就放棄了，這麼短的時間通常不足以判定你的商業創意會不會成功。

　　請記住一件事，大部分的副業都沒辦法立刻就能夠賺錢，在其能夠獲利之前可能都需要一段時間。如果太快就放棄，那代表你沒有給自己的副業度過艱困的草創期，進而成為一個賺錢企業足夠的時間。

步驟 2　找出自己能夠賺錢的優勢

　　如果你對要做什麼生意沒有頭緒，那不妨先確認一下自己擅

長那些事情，再從這些開始一步步琢磨思考，這對你會有很大的幫助。

例如，假設你很喜歡在戶外工作，那景觀或庭院維護服務或許很適合你（人們願意花大錢請人修剪和維護他們的庭院花草樹木！）。你甚至可以在你家附近提供一小時收費 15 到 20 美元的遛狗服務，因為人們也會在寵物身上花下大把鈔票。

還是不確定該開展哪項副業嗎？下面就快速地提供你 20 個點子，讓你激盪出屬於自己的創意：

(1) **當家教**：教授學生你擅長的科目；

(2) **自由撰稿**：為需要部落格貼文、各類主題文章以及行銷文件的人撰寫內容；

(3) **平面設計**：設計標誌、橫幅廣告和其他視覺內容；

(4) **代管社群媒體**：為那些沒有時間或專業技能可以親力親為的個人或公司行號，管理他們的社群媒體帳號；

(5) **網站開發**：為需要在網路上展現形象的公司行號建立網站；

(6) **幫人遛狗或當寵物保母**：在飼主外出時幫忙照顧他們的毛小孩；

(7) **房屋清潔**：幫助那些不想自己動手的人清潔家裡或辦公室；

(8) **跑腿代購服務**：幫那些沒時間自己去買東西或是不清楚如何買到自己想要的東西的人跑腿購物；

(9) **活動規劃**：規劃派對、婚禮等活動；

（10）**翻譯服務**：翻譯文件或是協助使用不同語言的人互相溝通；

（11）**攝影**：為那些擁有網站或社群媒體帳號，而且需要影像素材的個人或公司行號拍照；

（12）**Podcast 製作服務**：幫助人們製作和編輯他們的 podcasts（播客）；

（13）**虛擬助理**：協助忙碌的專業人士處理電子郵件、安排行程和其他具重複性的一般行政工作；

（14）**線上指導**：為那些想要精進技能或達成特定目標的人提供線上指導服務；

（15）**個人訓練服務**：透過塑身或節食減重計畫，提供改變人們生活的訓練服務；

（16）**外送服務**：協助人們購物並送到他們家裡或公司；

（17）**草坪維護**：在你的社區提供草坪修剪和庭院維護服務；

（18）**雜工服務**：為需要幫忙的人提供檢查管道、電器維修或其他雜工技能服務；

（19）**教授音樂課程**：為想要學習演奏樂器的人提供音樂教授課程；

（20）**汽車美容服務**：為希望車子保持如新的人提供汽車清潔和美容服務。

步驟 3　透過市場調查驗證你的創意

在進一步深入鑽研你的商業創意之前，請先做一點市場調查，確認人們願意付費購買你的商品或服務。

舉個例子，假設你想要在自己住家附近展開一門幫人遛狗的小生意，請先詢問自己下面列出的問題來驗證你的構想：

- 我家附近有養狗的人家嗎？
- 他們是否願意付錢請別人幫忙遛狗？
- 我家附近有人提供這類服務嗎？
- 如果有，那他們收取多少費用？我可以比他們提供更好的服務但收費較為低廉嗎？

如果你不確定附近是不是有競爭者，可以使用 Google 輸入關鍵字「遛狗服務 + 你住的地方」進行搜尋。你或許就可以知道他們的收費、服務時間、評價如何，以及看起來是否生意興隆？

當然，競爭者越少，你成功的機會就越高。但就算發現已經有人在做這門生意也不必感到氣餒。你的目標是要提供和別人不同的差異化服務，而不是一定要找到一片完全沒有其他人投入的藍海。

你也可以提供相同的服務但收取較低的費用，或是提供更好的服務但收取相同的費用。有很多方法可以讓你和你的競爭者做出區隔。請記住，不管你想做什麼樣的生意，都會經歷這一段相同的過程。

步驟 4 找到第一個願意買單的顧客，來確認你的商業創意。

驗證過你的商業創意的確可行之後，接著就是找到第一個願意付費的顧客。

一開始你可能必須四處打聽詢問才能找到第一個顧客，因為

你還不是附近知名的遛狗人。你也可以問問你有養寵物的朋友，他們是不是沒空遛狗，願意付錢請你幫忙代勞。或者你也可以發傳單或貼海報宣傳。總之就是去嘗試任何能夠讓你找到第一個付費顧客的方法。

對某些人而言，一開始提供免費服務很有吸引力，但你必須抵制這種做法！這個步驟的目標是要找出願意為你的服務付費的顧客。不要讓你的服務變成做義工！

在找到第一位願意付費的顧客之後，進一步確認你的商業創意能夠持續運作的可行性。

下面是一些你必須考慮的問題：

- 你喜歡遛其他人養的狗嗎？
- 這是你在下班後或是週末時會做的事情嗎？
- 人們能夠接受你收取的費用嗎？

如果針對以上這些問題的答案都是肯定的，你的第一項能夠持續運作的副業就正式誕生！

如果答案是否定的那也無傷大雅，就重複相同的程序，直到找出和你完美匹配的副業。

步驟 5 建立你的事業！

這個階段是你的生意真正要開始起飛的時刻。你已經驗證了自己的構想。你也找到了第一位願意付費的顧客，因此確信自己的商業創意是行得通的。此刻就是你全心投入全力以赴的機會。

當你全心投入，你就對自己的商業創意做出了承諾。你會告

訴自己，「我下定決心一定要做出一番成績！」這是你大展身手的時候了。

下面是這個階段你必須執行的事項：

- **建立品牌**：包括商標、網站、名片以及電子郵件信箱，都是你的小生意品牌的一部分。對某些行業來說，建立品牌也許不是最重要的，但大部分的行業都不能忽略這個步驟。你至少也必須有自己的名片或是宣傳個人的小冊子，來提供給你潛在的顧客。

- **發現顧客**：找到更多願意付費的顧客，是讓你的生意起飛唯一的方法，利用在上一個步驟準備好的材料來協助進行。把你的名片分發給你的朋友、在網路或是地方性的報紙上刊登廣告。如果你的朋友成功介紹了一位付費客戶，那就提供他們介紹費。

- **建立服務流程**：在什麼情況下會有人需要你的服務？從頭到尾完整的顧客服務流程都必須精準到位展現專業；這個步驟需要經歷一段時間的反覆試誤，這很正常。重點是要建立一套標準流程然後堅持遵循下去。例如，你是否會要求顧客在服務開始前先支付定金？在一個較大型的專案進行到一半時，你是否會和顧客雙方一起確認進度了解情況？服務完成後，你是否會要求顧客在網路上給予正面評價或是推薦？

- **為成功設定里程碑**：為你的新副業立下短期和長期目標。

比方，也許你想在年底前每個月賺取 250 美元。或者到明年的同一個時刻，至少擁有 30 位顧客。建立實際且能夠達成的里程碑。比方如果剛開始就期望每個月能夠賺取 1 萬美元，可能不切實際。但每個月賺取 250 美元達成的可能性就高多了。

步驟 6　定期自我盤點

每隔一段時間就必須進行自我盤點，來確認業務發展是否順利，還有自己是不是還依然樂在其中。如果可以，讓你的伴侶及家人參與討論，確保他們每個人的意見都有受到重視。剛開始你可以每個月進行一次自我盤點，接著變成每一季一次。再經過一段時間之後，變成每年至少一次。

你的自我盤點可以包含下列問題：

- 我的定價或收費是否合理？
- 我還想要繼續經營這份生意嗎？
- 經營這份生意是否占去我太多時間？
- 它是否對我的工作和生活平衡造成負面影響？
- 它是否帶來了足夠的收入，證明我投入的時間是值得的？

透過這些問題來調整你的策略或是應該投入多少時間，讓你的副業可以對你和你的家人產生最大的效益和意義。

要求加薪

要求為工作加薪通常是增加收入最單純的方法。只是單純歸單純，卻不總是可以簡單就達成。

事實上，要求加薪可能會讓人感到緊張不安！

我記得曾經諮詢過一位薪資過低想要加薪的同事。他為自己的薪水低於同行感到痛苦，但是卻拒絕主動要求加薪。我問他為什麼，他說，「因為我害怕被拒絕。」

其實，他不只是對要求加薪感到緊張，還一心想著可能會被拒絕然後讓自己尷尬困窘。他不想讓別人覺得自己是一個愛抱怨或是不合群的人，但事實上這樣只是在傷害他的職涯。

不為自己爭取加薪，讓他職涯收入提升的潛力走回頭路。

還記得習慣 #1 那張比較兩種薪資逐年增加數字的表格？ 我的這位同事拒絕要求公平的補償，因此讓自己步上了薪水較低的那條軌道。而等到退休時，這將會對他的生活方式造成負面影響。

我再怎麼強調都不為過的一點就是，獲得一份與自己價值相符的薪水非常非常重要。當你的薪水過低，為自己要求加薪並不是自私（負面的那種），而是主動積極。主動積極的人會比那些只是坐等一切公平自動降臨的人賺進更多的錢。因為很抱歉，公平往往不會自己從天上掉下來。

要獲得和自己價值相符的薪水，有時候必須靠你自己主動爭取。

下面方塊裡的內容是如何成功爭取加薪的方法：

如何為自己的工作要求加薪

為工作要求加薪可能是一項會讓人心煩意亂的體驗。我仍然記得自己第一次要求加薪時，心情有多緊張不安。我極度地焦慮，深怕老闆會拒絕我或是因此看輕我。但請牢記，好的公司總是公平地支付員工應有的薪資，因為它們非常了解好員工的價值。它們無法承擔失去好員工的後果！

下面是如何要求加薪的正確方法：

步驟 1：詳細地列出你的成就

把你所有重要的成就和受到的讚賞都寫下來。例如：

- 你是否完成了一項大型專案而且成果超出預期？
- 你的工作是否超出你的職務範圍？
- 你是否受到客戶好評？
- 你是否創下了新的銷售紀錄？

換言之，就是列出你值得加薪的理由。證明自己是公司珍貴的資產，讓老闆很容易就答應你的要求。你的成就就是證明，請你花點時間把它們寫下來。

步驟 2：決定你要加薪多少

有太多人雖然勇於要求加薪，但當老闆問自己想要加多少時卻愣在原地說不出話。如果老闆問你這個問題，你必須準備好答案，「不知道」並不是一個好的回應。這表示你沒有做好

該如何要求加薪的功課，你必須知道自己該要求的數字。

還是不確定該要求多少？請記住，這是一項談判。**要求比你想要的多一些是明智之舉。**這樣可以預留老闆砍價的空間，而你仍然有機會得到你想要的數字。

有若干因素會影響你可以要求的數字，包括：

- 你目前的薪水；
- 你在公司待了多久；
- 你的專業年資多長；
- 你的績效評估和成就表現。

一般來說，我會建議你至少要求加薪 10% 到 15%。例如，假設你現在的年薪是 7 萬 5,000 美元，你可以要求加薪 7,500 美元到 1 萬 1,000 美元。這看起來好像很多，但記住這是預留空間讓你的老闆砍價。如果你想要加薪 5,000 美元，那就告訴你的老闆你要加薪 7,500 美元。如果老闆答應的數字比 7,500 少（假設是 4,000 或 4,500），這樣還是接近你實際上想要的 5,000 美元。如果你就照實只要求加薪 5,000 美元，那老闆可能只答應你加薪 2,500 美元甚至更少。所以切記，務必要求比自己想要的還要更高的數字。

步驟 3：安排時間找你的老闆面談

你必須了解，適當良好的時機就是一切。舉例來說，如果在你第一次的年度考核都還沒完成前，或是工作還不滿 1 年就提出加薪要求，這樣可能就操之過急。又或者你的老闆正在用

大刀砍人，這可能也不是要求加薪的適當時機。

此外，盡可能自己當面要求加薪。畢竟這是值得面對面商議的重要談話（而且如果不是面對面而是使用電子郵件，那會更容易被回絕！）。

你可以寫一封電子郵件給你的老闆，要求和他見面聊聊自己的加薪問題，但別在他忙的焦頭爛額時寄出。挑一個公司業務不那麼忙碌緊湊的時間送出你的電子郵件，這樣就有機會讓老闆更快地決定和你見面的日程。

下面是提供你撰寫電子郵件的參考範本：

嗨 鮑勃／芭芭拉

　　我今年非常努力地工作，想要和您安排一次面談討論我的薪資問題，為我在職務之外所擔負的責任要求一點回報。想請問您這個禮拜五是否有空一起聊聊？

步驟 4：自信地提出你的要求

演練你的談話論點，在面談那天帶著小抄也沒關係。別擔心，你不是要用 PPT 投影片去做簡報，你只不過是在和你的老闆聊天，這只是一場對談。

也許你可以像下面這樣說道：

　　感謝您撥空和我面談。由於我的工作已經遠超出原本的職務範圍，包括帶領我們新的顧客服務行動，以及負責新進人員的軟體培訓流程。此外，我也收到來自顧客的正面評價，認為我的表現足以做為模範，許多顧

客打電話來諮詢問題時，都指名要求我為他們服務，因為他們較為信任我。最後，過去 6 個月來，為了籌備我們新的軟體產品，我已經加班超過 50 個小時。綜合以上因素，所以我想要和您討論一下我的薪水調整問題。我希望我的薪水能夠調升 X 元，作為對自己所取得成績的獎勵與回報。

下面是另外一個範例：

感謝您撥空和我見面討論我的薪資問題。自從我上次調整薪水已經超過 1 年，而我發現許多公司和自己類似職務的薪水都比我目前要高出 X 元。我去年的績效考核表現優異，並且在我的職務上持續不斷地超越自我。舉例來說，我解決了我們在排程軟體上的重大問題，為提姆省下和客戶進行排程問題修正的大量時間。而去年我也承擔了更多責任，例如幫忙協調我們和客戶之間的會議。因此我想要和您討論一下，自己能否得到至少 5% 足以應付生活成本上漲的加薪。

另外你也必須了解，你的老闆或許無權同意你的加薪要求，他或她可能必須把你的請求向上呈報之後才能給你答案。如果你遇到這種情況，不要氣餒，這很正常。如果 1 週後還沒有回音，記得主動詢問進度如何。

那投資呢？

你可能會好奇，為什麼我在這一章沒有提到透過投資來讓收入最大化？這是有理由的，而且是一個好理由。投資是累積財富絕佳的方法（事實上是不可或缺的方法）。但這一章討論的是透過你的薪水和副業來增加收入。不用擔心，在這本書稍後的部分我們就會進一步談到投資，為你說明如何正確地進行投資，以及讓投資變得簡單的方法。

付諸行動

如何將你的收入最大化

步驟 1 調查就業市場。就算你沒有打算要換工作，了解業界趨勢和自己相似職務的薪資行情也是明智之舉。如果你沒有換工作的計畫，還是可以利用其他公司相似職務且薪資較高的徵人啟事，來要求現在的老闆幫自己加薪。

步驟 2 開展一項副業。在正職工作外也開始經營一份副業，是增加收入絕佳的方法。

步驟 3 要求加薪。如果你認為你的薪水過低，那就不要遲疑去為自己要求加薪。聲譽良好的公司總是會希望支付員工合理的薪資。花一點時間調查其他公司類似職務的薪水進行比較。請記住，任何你在工作上所承擔的額外職責都是你爭取加薪時可以依據的好理由。

習慣 #4
千萬富翁先付錢給自己

要先存錢後再花錢，而不是先花錢後才存錢。
——華倫·巴菲特

如果你痛恨安排預算，那就讓我來介紹你一項最棒的理財技巧（或說原則），讓你根本不需要安排什麼預算，也不必鉅細靡遺地記錄自己的開支。

只需要遵守「先付錢給自己」原則，在進行任何消費之前優先把錢轉入你的儲蓄和投資帳戶，在完成儲蓄和投資目標後，你薪水的剩餘部分就是你可以沒有罪惡感地自由花用的錢。

在說明這項原則會如何發揮效用之前，我們先來看看大多數人都是如何理財。

大多數人都是先花錢然後才儲蓄和投資（如果還有剩的話）。換言之，他們先支付帳單、購物、應付開銷，然後才把剩下的錢存下來或拿去投資。這和「先付錢給自己」原則恰恰相反，如此你會需要更多的紀律約束才有辦法累積財富。它會大幅降低你的儲蓄和投資能力，因為先把錢拿去花掉之後可能所剩無幾。

在此強調一下，我成年後至少前半段的人生就是這樣子在花錢的。

只要一發薪水，我就開始找地方花錢。攝影是我的愛好之一，所以我就會一直去買新的相機和鏡頭。

攝影器材可不便宜！

外出用餐也不是我在特殊時刻或場合才會做的事情。它當然不是 ── 身為一名高收入的軟體工程師，本就值得享受更好的生活，在我職涯早期，我幾乎天天外出用餐。

而且曾經有整整 3 年時間，我每餐都外食（沒有誇大），每天的午餐和晚餐都如此。於是我不只體重直線上升，也為不自己下廚花掉大把鈔票（但往好的一面看，我和我的室友擁有整棟公寓最乾淨的爐子，因為我們已經 3 年沒有用它了）。

你以為我沒有好好安排預算？你錯了，我真的有！

每個月，我都會把預計的消費金額分配到不同的支出類別，直到加總起來等於我的薪資。例如，假設我的薪水是 2,000 美元，我就會把這 2,000 美元劃分成不同的支出類別，這樣我就知道自己可以在什麼地方各花多少錢。

每個月，我都會從自己花得比較少的支出類別中「偷」一點錢。如果我上個月比較少開車，那在油錢支出這個類別就會剩下一點額外的零用金。我就會把它「偷」來做為外出用餐的餐費，或是買自己想要的東西。

到頭來，我並沒有變得富有。我沒有讓這辛苦賺來的生活費阻止自己拿錢去滿足自己的欲望。因為下個月一發薪水，我又有

了一筆新的預算，所以我並不覺得自己有哪裡做錯。現在我才明白自己真的大錯特錯，因為我這樣是在偷取自己的未來。

最終，我總算了解自己正在對自己的未來做什麼。

我真的希望那時自己就知道「先付錢給自己」原則，但事實上當時我對此還一無所知。

這項原則會讓你幾乎不可能從自己的身上「偷」錢及欺騙你的預算安排，因為你根本沒有預算可以安排。我們馬上就來了解這項漂亮的理財手法。

「先付錢給自己」原則會如何發揮效用？

如果我告訴你，你可以毫無罪惡感地想買什麼就買什麼，不需要詳細地記錄自己的消費情況，你有興趣聽聽嗎？

這正是「先付錢給自己」能夠發揮的效用。

「先付錢給自己」這項原則，就是你的儲蓄和投資目標，必須優先於其他開銷支出。基本觀念就是把儲蓄擺第一，確保能夠達成自己的長期財務目標，降低讓自己在短期內就把全部收入花光的誘惑 —— 就我的角度，這些誘惑通常都是一些愚蠢的欲望。

下面就來看看這項原則是如何藉由幾個技巧發揮效用：

設定財務目標：如果有一個明確的存錢目的，那儲蓄會變得容易許多。例如，也許你想要還清你的房屋貸款、送你的孩子上大學，或是到斐濟享受一趟夢幻假期。請你列出一份短期和長期

的財務目標清單然後把它貼在冰箱上，旁邊是你小女兒在學校完成的一幅真實到尷尬的塗鴉，畫中的你正在大口牛飲著葡萄酒。

請務必在每一項儲蓄目的旁標註一個預估的數字。如果一趟斐濟假期需要的旅遊經費是 1 萬美元，那就在一旁標註。

建立儲蓄基準：一旦你確定了你的財務目標，那就為每一個目標設定一個明確的儲蓄數字。它可以是你收入的百分比、每個月固定的金額或是一筆特定的金額。比方，你可以從每個月的薪水中，存下 50 美元作為你的斐濟假期旅遊基金。或者你可以每個月存下你 10% 的薪水，作為孩子將來上大學的教育基金。

而我喜歡將不同的儲蓄目標使用個別的儲蓄或是貨幣市場帳戶。把這些錢分別存入各自的帳戶，比較不會因為不小心而把它花掉。

讓你的儲蓄自動化：使用銀行的自動轉帳功能，每個月自動把不同儲蓄目標的金額存入各自的帳戶。同樣的道理，把你的主要支票帳戶（薪轉帳戶）和你的儲蓄帳戶分開，可以讓你更不容易因為不小心而花掉（或是偷走！）自己應該要存下來的錢。我會在習慣 #5 這一章進一步詳細說明如何利用自動化的力量。

讓你的投資自動化：如果你的雇主提供你傳統的 401(k) 退休福利計畫或是 Roth IRA 個人退休帳戶，那就使用薪資自動扣轉功能，投資你的長期退休目標帳戶。

如果你沒有雇主資助的投資帳戶，就使用銀行自動轉帳功能來資助你的證券帳戶或是任何類型的投資帳戶。我們會在習慣 #6 這一章深入討論各種不同的投資選項。

　　始終對自己誠實：在達成你每個月的儲蓄和投資目標後，薪資剩下的部分你就可以自由使用。不得從你的儲蓄或投資帳戶「偷」錢，拿去用在非必需品的支出，像是球賽季票、外食或是花大錢度假。只有當你的支出情況和你的財務目標一致，並且堅持你的開銷規劃，「先付錢給自己」原則才能發揮效用。

　　監督自己的進度：定期檢視你的儲蓄和消費情形，確認自己保持在正軌上，能夠如期達成自己設定的財務目標。視需要調整你的儲蓄和消費。

　　「先付錢給自己」這項原則，可以幫助一個人隨時間累積財富進而實現財務安全。將儲蓄擺在第一位，可以讓你減輕財務壓力，同時安心地為長期目標而努力。

　　如果你還是有點不太清楚這項原則實際上會如何發揮效用，讓我們舉個例子說明。

「先付錢給自己」原則會如何發揮效用

　　下面是一個「先付錢給自己」原則將能夠如何發揮效用的例子。

　　假設你每個月的稅後收入是 **6,000** 美元。你在優先進行儲蓄和投資之後，才考慮自由支配開銷，這背後就是「先付錢給自己」原則的主要理念。

你也許可以像下面的範例這樣管理自己的財務。

步驟 1 設立你的目標。你的財務目標包括至少存下可用 3 個月的緊急備用金、預留孩子上大學的教育基金、存下未來買房的頭期款以及為退休做準備的投資。

為了達成這些目標，你每個月必須**存下**：

- 300 美元的緊急備用金；
- 1,000 美元的教育基金；
- 200 美元的房屋頭期款基金。

而你每個月將會**投資**：

- 你收入的 20% 存入長期退休目標帳戶，以傳統的 401(k) 退休福利計畫或是 Roth IRA 個人退休帳戶為例，那就是 1,200 美元；
- 你收入的 10% 存入指數型基金的投資帳戶，也就是 600 美元。

所以總計你每個月必須預留 3,300 美元，來滿足你設定的儲蓄和投資目標。

步驟 2 要讓儲蓄和投資變得輕鬆，請使用自動化系統，每個月自動把錢轉入你用來儲蓄和投資各自的帳戶。你可以設定銀行每個月自動轉帳 300 美元到你的緊急備用金帳戶、轉帳 1,000 美元到你的子女大學教育基金帳戶、轉帳 200 美元到你未來的房屋頭期款帳戶，以及轉帳 600 美元到你的投資帳戶。你也可以使用你雇主的薪資系統，每個月自動扣轉 20% 的薪水

/▼/

到你的長期退休目標帳戶。如果你不清楚要怎麼設定這些自動化機制，請放心，我們會在習慣 #5 這一章，更深入地討論如何利用自動化驚人的力量。

步驟 3 一旦達成你的儲蓄和投資目標，你就可以把收入剩餘的部分分配為每個月的支出，例如房租、日用品開銷、瓦斯費和其他帳單。你一個月所有帳單的總金額為 2,100 美元。

讓我們來快速地做一點簡單的算術。你每個月用來儲蓄和投資的金額是 3,300 美元，另外有 2,100 美元用來支付電費、加油費和食物採買費這些每個月的固定支出。

步驟 4 最後（也是最有趣的部分！），你可以自由地運用薪水剩餘的部分，例如娛樂活動或是外出用餐。把上一個步驟的 3,300 美元和 2,100 美元加總得到 5,400 美元，這就是你每個月薪水當中用來完全滿足你的生活方式、儲蓄和長期投資目標的金額。

最後你還剩下 600 美元。

這就是「先付錢給自己」原則的美妙之處：這 600 美元就是你可以自由運用的錢，你想怎麼用就可以怎麼用，而且不需懷有任何罪惡感。畢竟，你已經為你的儲蓄和投資帳戶存入足夠的金額，也付了自己的帳單。你把每件事都照顧地妥妥貼貼，接下來要做的就是好好享用剩下來的錢。

第一次設定「先付錢給自己」方案是一個反覆的過程。舉例來說，你可能會發現自己每個月的錢所剩無幾，不夠你支應以往習慣的所有開銷。這不一定是壞事！畢竟，減少在非必需品上的花費，是累積長期財富絕佳的方法。

如果你想要在自己的儲蓄和投資目標完全達成後有更多的錢能夠運用，那麼你有以下 2 種選擇：

1. 賺更多的錢，如同我們已經在習慣 #3 這一章討論過的；或是

2. 花更少的錢，我們會在習慣 #9 這一章進一步說明。

老實說，這個過程的某些部分會讓你感到不自在，包括你必須決定哪些支出是最重要的，而哪些不是。你可能必須減少任意的消費（像是非必需品的支出），但這並不是壞事。降低開銷是累積財富的過程中很自然的一部分。

在何種情況下「先付錢給自己」不是一個好主意？

我喜歡這項理財原則和技巧，因為它簡單明瞭，讓你在管理自己的金錢時不必猶豫猜疑。它也是千萬富翁在無需安排預算的情況下，用來累積財富和遠離負債的技巧。

甚至連股神華倫 · 巴菲特也奉行「先付錢給自己」原則，他曾經說過一句名言，「先存錢後再花錢，而不是先花錢後才存錢。」

　　然而，這並不代表這項原則就適用於所有人。

　　在某些情況下，「先付錢給自己」原則並不是一個好主意。如果你符合下面列出的幾種情況，那「先付錢給自己」原則可能就不適合你。

　　1. 你背負高利率的債務：高利率債務的清償，例如未繳清的信用卡費或是發薪日貸款[1]，順位永遠優先於一切，包括投資。此類債務的高利率，會高於你儲蓄得到的潛在獲利，所以你必須先清償這類債務才更有益於你的財務健康。

　　即使背負債務，你也必須未雨綢繆防患未然。明智的做法是盡可能投入更多的錢來盡快還清自己的信用卡債務，因為信用卡未繳餘額不只會產生高利息，還會傷害你的信用評分。

　　2. 你有非預期的支出需求：如果你有緊急和非預期的支出需求，例如醫藥費或修車費，那麼你可能必須先支付這些費用，而非遵守「先付錢給自己」原則。當然，專門為這類支出預留一筆緊急備用金也很重要，以隨時用來應付不時之需，防止自己陷入債務危機或是讓你達成財務目標的進度停滯。

　　比方你家屋頂漏水，需要一筆數目不小的修繕費，也許需要1萬2,000美元。你可能會使用信用卡來預付這筆款項，所以，還清該筆信用卡費應該是你的優先目標。

---

1. 譯註：發薪日貸款（Payday Loan），自90年代在北美大規模興起，指的是1～2週的短期貸款，借款人承諾在自己發薪水後即償還貸款。如果到期無法還清貸款本金和利息，可以提出延期。

3. **你的收入不穩定**：如果你的收入不穩定，那要遵守「先付錢給自己」原則可能會有困難。在這種情況下，專注於安排預算和管理支出可能會比較適合你，直到你有更穩定的收入。此外，在你的薪資帳戶裡保留一點額外的錢，來幫助自己在收入較少的月份支付生活開銷可能是明智之舉。

付諸行動

如何開始執行「先付錢給自己」原則

步驟 1 **使用自動化系統**。使用自動化系統每個月將儲蓄和投資的目標金額自動轉入各自的帳戶，會讓「先付錢給自己」原則執行起來簡單許多。一旦設定好這些系統功能，你必須做的就是繼續賺錢。就算不使用（或是你不願意使用）自動化系統，「先付錢給自己」原則仍然可以發揮效用，只是你就必須自己多花點工夫。

比方，利用雇主的薪資系統，每月自動地轉帳到你的長期退休目標帳戶。然後使用銀行的線上系統，設定每個月從你的薪資帳戶分別轉入目標金額到你的儲蓄帳戶（你的緊急備用金）以及任何其他投資帳戶。你必須記得要從每個月的薪水預留足夠的金額來滿足自己的儲蓄目標，例如前面提到的房貸頭期款或是孩子的大學教育基金。

再者，使用帳單自動支付功能，可以輕鬆地支付每個月的固定帳單（包括串流服務費、手機費、房貸／房租等等）。由於這些帳單金額通常都是固定的，要預估這類的開銷應該比較容易。

▼

我們會在習慣 #5 這一章深入討論如何使用自動化系統，來讓理財變得更加輕鬆。

步驟 2 **沒有罪惡感地花錢**。當你完成儲蓄和投資的目標，也付清了你的帳單，那剩下的錢你就可以自由運用，你想要怎麼花都可以。但請記住，如果你把這些剩下的錢拿去用在按月收費的定期服務上（例如外送、新的串流服務、各種會員服務訂閱等等），你每個月的帳單就會增加，未來能夠剩下的錢就會變少。

習慣 #5
千萬富翁讓一切自動化

你是否聽過「設定好就可以忘了它」這句話？它正好貼切地說明了使用自動化系統幫助自己理財後會發生的一切。

大約 10 年前，我就開始了領到薪水後就什麼也不必再煩惱的生活。在我的薪水入帳之前，我老闆的薪資系統就會先把我薪水固定比例的一筆金額自動地轉入我的 401(k) 退休福利計畫和 Roth IRA 個人退休帳戶，剩餘的部分才會進到我的薪資帳戶。

但我的自動化生活還不僅於此。

我還設定在每個月 15 號從我的薪資帳戶自動轉帳不同金額到我其他個別的帳戶，包括緊急備用金和短期及長期目標的儲蓄帳戶。我大概只花了 5 分鐘進行最初的設定，之後一切就開始自動運作，我連想都不用再想。

而且，我自此再也沒有繳過滯納金或罰金，因為使用自動化系統後，我所有的帳單一定都會準時繳清。

只要可以，我都盡可能地使用自動繳付來處理我每個月固定的帳單，例如手機費和有線電視費、公用事業費、汽車和健康保險費、網路費，甚至是信用卡費。所有的帳單每個月都會自動準時繳付，所以我連一毛滯納金都沒繳過。

大部分公司也都會讓設定自動繳付帳單簡單輕鬆，因為這樣能夠確保它們可以一直準時地收到應收款項。這同時也代表你不會被索取滯納金。這就是使用自動化系統理財的美妙和威力！自動化不需要你遵守什麼紀律來累積財富，因為它讓你不必再記住每個月何時應該儲蓄、投資以及繳付帳單。只要完成設定，一切就會為你自動進行。

利用財務自動化系統最棒的一點就是，你不需要賺大錢才能享受它的好處。不論你的薪水是高是低，我們每個人都可以使用自動化工具。只要你有一個銀行帳戶，你就具備自動累積財富並遠離負債所需的一切。

如果你覺得這聽起來有點複雜，不必煩惱。在本章結束後，你就會清楚地了解如何設定簡單且可重複進行的自動化例行程序，確保你的錢被正確地按照儲蓄、投資以及花費，其各自被設定好的用途進行分配。

下頁是財務自動化系統如何運作的示意圖：

想像一下，如果這一切都會「自動」進行，那會是什麼樣的景況？你甚至連一根手指頭都不必動。你的薪水一到戶頭，接著就會按照設定的時程和金額分別進行儲蓄、投資以及繳付帳單，你完全不需要再多做思考。

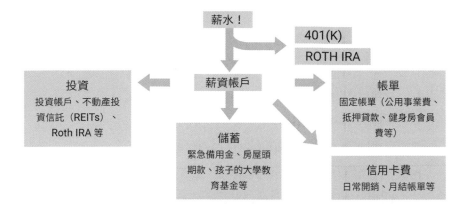

　　備註：上圖我提到 Roth IRA 個人退休帳戶兩次（一次是右上方，在你的薪水轉入你的薪資帳戶前，另一次是在左方投資的方塊裡）。因為有些雇主每個月會自動把你薪水的固定比例，轉入你的 Roth IRA 個人退休帳戶，但也有雇主不會這樣做，所以就需要你自己動手。

你應該讓什麼事情自動化？

　　我是財務自動化的忠實擁護者，因為我不喜歡自己動手繳付帳單（我也沒辦法相信自己不會忘記有什麼帳單該付！）。我天生健忘，所以使用自動化系統讓我的生活變得輕鬆許多。現在，我盡可能地讓一切自動化，這樣我就不需要再每個月提醒自己該存錢、投資還有別忘了繳帳單。

　　下面列出的是你可以使用自動化系統的事項：

- 公用事業帳單；
- 抵押貸款或房租；
- 慈善捐款；
- 信用卡帳單（如果有！）
- 子女的大學教育基金：529 大學教育儲蓄計畫；
- 貸款償還：車貸、助學貸款等；
- 長期退休帳戶繳款：401(k) 退休福利計畫等；
- 轉帳：緊急備用金、投資等；
- 會員費：健身房、雜誌、串流服務等。

但請等一下！當你使用帳單自動繳付系統時必須小心。

即使你已經設定好自動繳付每個月的帳單，比方公用事業費和信用卡費，還是請你每個月確認一下你的帳單金額。這樣如果有任何錯誤，你才會知道自己是不是在不知不覺中多付了不該付的錢。

如此也可以幫助你確認薪資帳戶中，是否留有足夠的金額來支應這些帳單。

例如，也許你可能一下子就同時面臨許多預期外的支出。你的車子故障需要 1,500 美元的修理費、家裡廁所管道堵塞又須要吐出 500 美元請人來處理，家裡冷氣也共襄盛舉地選在這個時候罷工，需要 1,700 美元來讓它重新運作，這全部加總起來是 3,700 美元。於是，你這個月的信用卡帳單就多了 3,700 美元。

如果你不夠小心，沒有注意自己這個月多出了 3,700 美元的

信用卡費而繼續使用帳單自動繳付，你可能就會讓自己的薪資帳戶有透支的風險。但如果你有先核對你的對帳單，你就可以在自動繳付扣款日前登入銀行的線上系統，從你的緊急備用金儲蓄帳戶轉個幾千塊到你的薪資帳戶來避免發生透支情形（這就是為何緊急備用金這麼重要）。

這樣你就可以快速又方便地避免透支，還有因為繳付金額不足而產生的罰金。

應該在什麼時候進行自動化？

這些自動化程序中大部分都是一個月進行一次，而且通常都在你發薪日後的幾天。如果你的薪水是一個月分兩次（或兩個禮拜一次）入帳，那就設定在月底進行轉帳和繳付帳單，以確保你的帳戶有足夠的錢能夠支付所有轉帳和須繳付帳單的累計金額。

例如，假設你的發薪日是每個月的 1 號和 15 號，與其每個月也跟著分兩次轉帳，我會建議你多留一點錢在你的帳戶裡，每個月就統一一次在同樣的時間（第二次發薪之後）進行轉帳和繳付帳單。

這樣可能會讓事情單純一點。

從你的薪資帳戶自動轉帳之前，請給你的第二次發薪日至少幾個工作天的結算時間。這樣你也可以確認一下薪水入帳時是否有發生任何錯誤或是延遲。

你也許會把每個月的 20 號設定為自動轉帳日，在這一天把錢轉入你各自的儲蓄目標帳戶。你同時也在這一天繳付每個月的固定帳單（你的手機費、串流服務費等等）、你的信用卡帳單，並匯款到你的投資帳戶（Roth IRA 個人退休帳戶、金融商品交易手續費等）。

主要的例外情形是不同的帳單會有不同的繳款到期日。如果你有任何必須在每個月的 20 號前繳付的帳單，請透過個別的繳付或轉帳進行相應的調整。

如果你的薪水是每個月一次入帳也適用相同的原則。例如你的薪資在每個月 1 號入帳，那至少等到 5 號或 6 號，確定你的薪水已結清並存入你的薪資帳戶後，再進行轉帳或帳單繳付。

如何設定財務自動化

大部分銀行或公司的線上系統，只要登入後就可以自行設定自動轉帳和繳付帳單功能。

下面是一些你可以自己達成的財務自動化事項範例：

把錢轉入儲蓄帳戶：登入你的儲蓄帳戶，設定從你的薪資帳戶自動轉帳到你的儲蓄帳戶，你必須先確認自己的薪資帳戶資料。有時候，這需要從你存錢的銀行，確認存入任意 2 筆低於 1 美元的金額到你的薪資帳戶（在通過驗證後，你存錢的銀行就會收回該 2 筆存款）。

驗證了你的薪資帳戶後，你就可以設定每個月進行固定金額轉帳，然後選擇想要在哪一天進行轉帳。請注意，如果你設定的自動轉帳日剛好遇到週末或是假日，那銀行可能需要到下一個營業日才能完成轉帳。

把錢轉入投資帳戶：跟把錢轉入儲蓄帳戶類似，登入你的投資帳戶後，設定從你的薪資或儲蓄帳戶自動轉帳到你的投資帳戶。必須要注意的是，你也同樣會被要求驗證轉帳來源的帳戶資料。

自動繳付帳單：登入公司的線上系統設定帳單自動繳付。在進行設定前，你可能必須先閱讀並同意公司的服務條款，來授權它們的系統從你的帳戶扣款。有些公司會讓你選擇每個月進行扣款的日期，或是在你的帳單發出後立刻進行扣款。

雇主資助的 401(k) 退休福利計畫和（或）Roth IRA 個人退休帳戶：找公司的人資或財務部門同仁聊聊，設定從你的薪水自動扣轉一定比例的金額到你的長期退休目標帳戶，比方 401(k) 退休福利計畫和 Roth IRA 個人退休帳戶。你可能必須先簽署一些文件以授權薪資系統從你的薪水扣款。此外，你也必須決定扣轉薪水的比例。如果可以，我建議每個月至少扣轉你 20% 的薪水到長期退休投資帳戶，或扣轉公司能夠提供的約略匹配數字，例如 401(k) 最高可以扣轉 15% 的薪水。

我們會在習慣 #6 這一章進一步說明什麼是 401(k) 退休福利計畫和 Roth IRA 個人退休帳戶，以及可以向這些帳戶進行儲蓄的金額。

付諸行動

如何開始財務自動化

步驟 1 列出你所有的帳戶資料清單。首先,請列出你所有的線上帳戶。包括公用事業公司、投資、銀行、信用卡帳戶等,確認你知道每一個帳戶的登入方法,其中應該也要包括你的雇主的薪資系統。詢問公司提供哪些自動儲蓄和投資工具。

步驟 2 為帳戶建立連結。登入你的每個帳戶,加入你的薪資或儲蓄帳戶將它們連結起來,這是自動化系統能夠從中提取金額的帳戶。例如,你可以把你的薪資帳戶和你的電信服務公司帳戶連結起來,使用自動化系統扣轉來讓每個月的手機費帳單都能夠準時地繳清。

步驟 3 建立儲蓄／付款時間表。最後,設定每筆轉帳和付款。決定每個月的幾號是你的自動轉帳日,在那一天自動地繳付帳單,並將設定的金額分別轉入你的儲蓄和投資目標帳戶。如果你的老闆有提供 401(k) 退休福利計畫或是任何長期的投資項目,請使用薪資系統自動扣轉功能來讓事情變的簡單且可持續進行。

步驟 4 避免透支的罰款。另外,要避免透支的罰款,請你在行事曆上設定自動轉帳繳款日提醒,確保在進行自動轉帳繳付帳單前,你的銀行帳戶裡留有足夠的金額支應所有的帳單。

習慣 #6
千萬富翁會（大量）投資

想成為千萬富翁，投資是最基本的方法，因為它可以**在你呼呼大睡時繼續幫你賺錢**。如果你不投資，那想要建立並累積財富將會困難百倍。

我確定你已經聽很多人說過，「你必須投資！」但可能不了解投資對建立財富而言有多重要。而且不只是一點點財富，是可以傳承給你的子女還有子孫的龐大財富。

為什麼投資是天殺的如此重要？

這個故事要從我們的一位好朋友開始說起，就是「**複利**」。

複利是一種賺取利息的方式，它不僅可以讓你從最初的儲蓄或投資賺取利息，還可以從隨時間賺取的利息中再賺取利息。

等等，你在說什麼？

如果上面這段話讓你覺得困惑，別擔心，我們用一個例子來說明。

先假設你投資了 1,000 美元,而年化報酬率是 5%,第一年你就可以賺取 50 美元的利息。

寫成計算式為:$1,000 \times 0.05 = 50$。

也就是第一年後你的資金就會變成 1,050 美元。聽起來還不錯吧?你只是投資了最初的 1,000 美元,其他什麼也沒做就賺了 50 美元。

現在我們來想想另一個問題,假設年化報酬率一樣還是 5%,那第二年後你的資金會變成多少?

照理來說,第二年你會再賺取 50 美元,讓你 2 年的總資金變成 1,100 美元,沒錯吧?但很抱歉,**這不是正確答案**。由於複利的威力,第二年你可以賺**超過** 50 美元。

我們馬上來看看為什麼。第一年你的最初資金是 1,000 美元,第二年的資金已經變成 1,050 美元;我們一樣用 5% 的報酬率計算,加總後得到的數字是 1,102.5 美元。換句話說,第二年你賺了 52.5 美元而不是 50 美元,這是因為資金已經從第一年的 1,000 美元變成 1,050 美元。

寫成計算式為:$1,050 \times 0.05 = 52.5$。

這個賺取利息的過程,不只是透過初始的本金,還包括前一年所賺取的利息,而隨時間累積(尤其是以長期來看),將會為你的儲蓄或投資帶來可觀的成長。

我可以聽到現在你有另一個問題,「但是,史蒂夫,1 年賺 50 美元哪裡是什麼大錢,怎麼有辦法幫我們建立財富?」

當我們討論投資如何幫助我們成為千萬富翁時,有 2 項附加

因素會發揮作用：

1. 我們不會只投資一次就了事；

2. 我們是以多個年度的時間長度在進行投資。

這是什麼意思？

在一開始的例子，我們只投入 1,000 美元做一次投資就打包收工。但實際上投資不是這麼回事。我們會從每月的薪資或其他收入中投入更多資金，而且是持續很多年不間斷。

回到最初的例子，如果在最初的 1,000 美元之外，我們每個月再多投資 100 美元，一樣以年化報酬率 5% 計算，10 年後我們的總資金將會超過 1 萬 6,000 美元！

20 年後更將超過 4 萬 2,300 美元。如此每個月投入 100 美元，以年化報酬率 5% 計算，40 年後我們投資的總價值將會來到 15 萬 2,000 美元，這應該算是一筆不小的財富了吧！

讓人開心的還不僅於此，因為我們假設的 5% 投資報酬率事實上相對保守。從歷史經驗來看，投資人在股票市場的獲利要高出許多。以標普 500 為例，從其在 1957 年成立以來，至今的平均年化報酬率是 11.88%。

如果我們同樣以 40 年的職涯使用年化報酬率 11.88% 重新計算，若從最初投資的 1,000 美元開始，之後每個月投資 100 美元，那 40 年後我們將可坐擁 **97 萬 9,500 美元**。

這可是將近 100 萬美元！

別忘了，這 40 年當中我們總共只投入了 4 萬 9,000 美元。

這就是複利驚人的威力！

　　既然我們已經討論了投資為何如此重要（還有它會如何讓你變得富有），接著我們就來看看，要成為千萬富翁最簡單的投資方法。

　　信不信由你，投資其實非常容易（它不是關於如何選股）。同時投資也不是有錢人的專利。你並不需要一位投資顧問或「股票專家」來幫你設計一項簡單的賺錢投資組合。

　　你不需要仔細鑽研公司的財務報表才能進行投資。你甚至不需要了解什麼是殖利率，或是「本益比」代表什麼意思。這些都是自稱股票專家和投資顧問者丟出來，讓人覺得投資很難的術語。事實上並非如此，投資是世界上最簡單的事情之一。

　　幾乎所有人都可以進行投資，並開始隨著時間賺取複利。在本章剩餘的部分，我會說明如何著手進行投資。

　　絕大多數的千萬富翁，他們的投資組合都是由股票、債券和不動產所構成。

股票

　　當你買了一張股票，你就是買了一家公司的股份。當公司表現良好時，每筆股份的價值就會增加，也就是你賺取了所擁有股票的利潤（或叫「資本利得」）。

　　股票買賣一般被視為風險較高的投資，因為你所購買的股票價值主要是受該公司的績效表現左右。假如公司表現不佳，股價

就會下跌。此外，股價的波動可能相當劇烈，特別是以短期角度來看。由於這樣的波動性，想要預測你會獲利還是賠錢，甚至會賺多少或賠多少就變得相當困難。

然而，高風險同時也代表高報酬，尤其是當股價表現良好的時候。

購買股票有 2 種方式，你可以直接購買單一公司的股票，例如亞馬遜、Google 或微軟。或者你可以購買指數型基金，它是從各家不同的公司所預先挑選好的股票和債券組合，具有廣泛的多元性。總體而言，我鼓勵你投資指數型基金而不是購買單一公司的股票，因為要從讓人眼花撩亂的眾多標的中挑選公司進行投資，其中包含許多風險。

指數基金能夠分散風險，也就是所謂的**多元化投資**。透過指數基金對一個多家公司的組合標的進行投資，可以降低僅因一家公司股價暴跌，就損失全部資金的風險。在這一章稍後我們會進一步介紹指數基金。而現在你已經了解，它們可以讓投資變得輕鬆簡單。

債券

債券就像是某間公司或政府，提供借錢給他們的人的一張借據（IOU）。當你購買債券，你就是借錢給發行債券的公司或政府。而公司或政府則承諾在一段時間之後，除了償付你借出的金

額之外，還會再加上一點利息做為回報。

上面說的時間通常以年為單位，比方 2 年、5 年或 10 年，意思就是在債券「到期」前，你都無法拿回你借出的錢。如果你選擇在債券到期前拿回你的錢，那將會被索取高額的手續費和罰金（換句話說，千萬別做這種傻事）。

債券的優點是風險極低，雖然它也像其他金融商品一樣不保證收益，但只有當發行債券的公司違約時才會收不到報酬，如果真發生這種事那可會上頭條新聞。如果你買的是政府發行的債券，那就是政府違約，這通常不太可能會發生（如果政府真有違約的風險，那它只要印更多的鈔票就可以）。所以雖然沒有保證，但債券是最接近具備保證收益的一種金融商品。

債券通常對富人和年長者較有吸引力，有 2 項理由如下。

1. 富人想要維持他們的財富，如果股票市場下跌（例如 2008 年和 2022 年的情形），債券提供的低風險就能夠避免其資產縮水。

2. 年長者喜歡債券幾乎等同保障收入的特性。沒有全職工作的年長者，把資金從高風險的股市轉移到低風險的債券，將有助於其保持穩定收入擁有可靠的生活方式。

指數基金

指數基金就像是投資的「簡易按鈕」。從 1975 年先鋒領航

集團（Vanguard）創辦人約翰・伯格（John Bogle）提出這個概念，數十年來指數基金就一直是許多千萬富翁投資組合中的主力產品。

這可不是我的一面之詞，股神巴菲特，這位被公認為歷史上最優秀的股市投資大師之一也曾經說過，「對絕大多數投資者而言，低成本的指數基金是最明智的股票投資方式。」

指數基金是追蹤某項市場指數的基金，例如道瓊工業平均指數或標普 500 指數。股市中的「指數」是集體追蹤一組公司的股票表現。股市指數被投資者用來追蹤股市的整體表現，以及比較市場中不同產業的表現。金融分析師也使用它們來制定投資策略並向客戶提出建議。

例如，最常見的 3 項指數分別為道瓊工業平均指數（DJIA）、標普 500 指數以及那斯達克綜合指數。

DJIA 追蹤 30 家藍籌股（又稱績優股、權值股）公司的表現。藍籌股指的股票是在股市公開上市交易，具有高知名度、歷史悠久且財務穩健的公司。例如可口可樂、Nike、沃爾瑪、雪佛龍以及麥當勞，都屬於藍籌股公司。

標普 500 指數追蹤 500 家大型公司的表現。大型公司的定義是市值超過 100 億美元，包括蘋果、微軟、亞馬遜，以及 Alphabet，也就是 Google 的母公司。

那斯達克綜合指數追蹤在那斯達克證券交易所上市的所有股票的表現。

要持有指數基金，你可以投資追蹤某特定市場指數的一檔基

金,例如標普 500 或道瓊工業平均指數。當你購買了一檔指數基金的股票時,實際上你就是購買了組成這檔指數基金的所有公司其一小部分的所有權。這代表你的股票會隨著整體市場波動起伏,但不會因為其中任何一家公司的表現而受到嚴重影響。

指數基金的優點吸引了許多投資者。大部分指數基金的管理成本都很低,因為它們不需要高薪的基金經理人來挑選組成基金的股票和債券標的。它們是由像是先鋒領航集團、富達投資和高盛集團等這類的投資公司發行及進行被動管理。此外,指數基金的內在多樣化,也降低了投資者可能面臨的風險。假設其中一、兩間公司表現不佳,也不至於拖垮指數基金整體的績效。

最後一點,指數基金不需要投資者自己挑選投資標的。取而代之的,是根據所追蹤的指數來進行挑選,例如標普 500。

標普 500 是追蹤美國最大的 500 家公開上市公司其表現的一種股票市場指數。標普 500 指數涵蓋的產業相當廣泛,包括科技、健康醫療、金融服務、能源以及消費性產品。對許多專家來說,標普 500 指數是觀察美國經濟表現的領先指標,而且被廣泛地用來做為篩選投資組合的基準。

生命週期基金

也稱為目標日期基金(Targeted Retirement Funds),這類基金對那些在自己職業生涯絕不會動用投資的人是絕佳的選擇。

生命週期基金背後的理念很簡單。較年輕的投資者能夠承擔較高的風險（因為如果遭受任何損失，他們有比較多的時間回復），而較年長的投資者，尤其是接近退休年齡的人，風險承受度會比較低。隨著投資者越接近他們的退休日期，生命週期基金會自動調整投資組合，把大部分的資產轉移到債券來降低風險，雖然這樣通常會減少回報但波動性較小。在這一章稍早，我們已經討論過債券的特性。

你的任務就是選出自己可能會在哪一年退休。

例如，假設你想在 2056 年退休，而你屬於單純只想累積財富，不想多花腦筋自己選股的放手型投資者，也許你就可以從一家投資公司，比方先鋒領航集團（Vanguard）或富達投資（Fidelity）選擇「目標 2056 年退休生命週期基金」。這檔 2056 年退休基金就會慢慢地逐年把你的資產從股票轉移到債券，直到 2056 年它就會持有最大比例的低風險債券。

生命週期基金是建立多元化投資組合一種便利又單純的方法，你不需要經常地監控和進行風險相關的調整，但必須仔細審查這些基金的投資組合和相關的費用，同時確認最低的初始投資金額，因為不同發行公司之間可能會有很大的差異，而且依據特定的個人財務目標和風險承受度，也並非適合所有的投資者。

交易所交易基金（ETFs）

交易所交易基金（Exchange-traded funds，簡稱 ETF），或稱指數股票型基金，和指數基金類似，一樣是追蹤特定指數的表現，例如標普 500。但不同於指數基金的地方是，指數股票型基金可以直接在證券交易所進行買賣，不像指數基金需要經過投資公司。

相較指數基金可能需要最低的投資金額，ETFs 通常則沒有這項要求，因為 ETFs 和股票類似是以整股進行交易。此外，許多 ETFs 都是被設計來追蹤市場上更為集中的產業區塊（而非廣泛的指數），賦予投資者對投資標的更大的掌控權。

和指數基金一樣，ETFs 也具有多元化分散風險以及被動式管理的特性，再加上費用低廉，是所有投資者不分年齡的絕佳選擇。不論你是才剛進入職場的 20 歲年輕人或已晉升祖父母級，如果你正在尋找一種輕鬆便利，而且成長潛力最大的投資方法，ETFs 是不錯的選擇。

近年來 ETFs 也已經廣受歡迎，下面是一些相關的產品：

SPY（SPDR 標普 500 指數 ETF）：追蹤標普 500 指數，該指數是更廣泛地觀察美國股市表現的基準。

QQQ（那斯達克 100 指數 ETF）：追蹤那斯達克 100 指數，包括在那斯達克證券交易所公開上市的 100 家最大非金融公司。

IVV（iShares 核心標普 500 指數 ETF）：類似 SPY，追蹤標普 500 指數。

VTI（Vanguard 整體股市 ETF）：追蹤 CRSP 美國整體市場指數，幾乎包括所有在美國公開交易的股票。

DIA（SPDR 道瓊工業平均指數 ETF）：追蹤道瓊工業平均指數，包括 30 家美國的大型公司。

共同基金

共同基金是把多個投資者的資金集合起來，去購買包含股票和債券等各種資產組合的一種投資工具。每位投資者都擁有共同基金的股份，這些股份各占基金總資產的一部分。

共同基金是由基金經理人主動管理，實質上由基金經理人代表你進行交易決策。優秀的基金經理人可以讓共同基金賺得盆滿缽滿，但缺點是這些和你我一樣擁有血肉之軀的人類經理人會讓共同基金的價格比被動的指數基金更昂貴，而且他們的操作績效通常低於市場指數表現，例如標普 500。

雖然共同基金是將投資多元化便利的方法，因為你不需要自己挑選應該投資哪檔股票和債券。但較為便宜的被動式投資選擇（例如指數基金），讓共同基金的吸引力打了折扣。

不動產

有許多千萬富翁靠投資不動產建立財富。事實上，20 世紀初的全球鋼鐵大王安德魯・卡內基就曾經說過，90% 的富翁是因為投資不動產而致富。不動產的確造就了許多富豪。

覺得要成為房東很難？別擔心，不動產投資有許多種形式，你不一定要是房東才能投資不動產。

不必是房東也能開始投資不動產最簡單的方法之一，就是投資不動產投資信託基金（Real Estate Investment Trusts，簡稱 REITs）。REIT 是擁有或投資可產生收入的不動產的一類公司所發行。REITs 必須以股息的形式向股東支付利潤，股息是將盈利的一部分發送給股東。和 ETFs 類似，REITs 在主要的證券交易所進行公開交易，提供投資者不需要擁有或管理不動產，也能投資不動產的機會。

如今 REITs 非常受歡迎，因為它們提供投資者一種簡單輕鬆的方法來投資不動產。某些 REITs 持有實體房地產的股權，某些則投資於抵押貸款和其他不動產相關的債權，也有許多 REITs 兩者兼具。

還有不動產投資者會購買空置的土地持有一段時間，在未來價格上漲時再轉售賺取利潤。購買持有空置土地是一種相對較為長期的投資，需要足夠的資金以低價購入土地。大部分的抵押貸款方不會提供購買空置土地的貸款，所以投資者需要有足夠的現金一次購買整筆土地。

　　當然也有不動產投資者會購買住宅然後出租。如果投資者找到便宜的標的，縱使需要修繕整理但大部分的工作都可以自己搞定的話，那這種情況的確有利可圖，因為可以省下數千美元的人工成本。

　　通常來說，創造收入最好的住宅物業是多戶建築，例如公寓、雙拼住宅以及聯排別墅。雖然這些標的不論價格或維護都比較昂貴，但房東每個月都可以進帳多筆租金。換句話說，多戶型REITs（multifamily REITs）可以讓投資者投資更為昂貴的聯排別墅或公寓大樓，但不需要直接購買也不必自己進行維護，就可以坐收作為配息的租金收入。

　　再繼續往下討論不動產前，有一點我想先說明以示負責：你的家（自住）通常來說並不是一個好的不動產投資標的。雖然你的確可以透過這種方式賺錢，但考量業主自營（homeownership）需要的所有成本因素後，實際賺錢的例子要比你想像中少得多。如果把所有這些費用加總以後，真正的擁有成本會遠高於購買的價格。

　　舉個例子，考慮下頁所列房屋持有者必須支付的費用（也就是通常來說承租方不會支付的費用）。

　　當這些和業主自營相關的額外費用及責任全部加總起來，數字將會遠高於你當初購買的價格，也就會讓你的家變成一個不那麼有吸引力的投資標的。舉例來說，一間價值 30 萬美元的房子，經過 10 年，這段時間實際花費的成本可能輕輕鬆鬆就突破 50 萬美元甚至更高。

頭期款	購買時第一次支付的費用，通常是房屋總價的 10% ～ 20%
屋主保險	保護屋主免於因損壞或偷竊造成經濟損失的保險
私人抵押貸款保險	如果頭期款低於房屋總價的 20%，某些貸款方會要求的保險費用
房地產稅	根據房地產的估值繳交給政府的稅費
維護和修理	房屋的修理和維護費用，例如修理漏水
屋主協會（HOA）費用	為了維護和保養共用設施向協會繳交的費用
病蟲害防治	清除害蟲侵擾的費用，例如白蟻、蜜蜂以及其他昆蟲和小動物

再者，大部分屋主都沒辦法把股票市場「買低賣高」的投資哲學運用在自己主要居住的房產上。換言之，即使房市飆漲，屋主也很難把自己的房子賣掉，同時還要避免必須支付同樣的高價另覓新居，兩者一來一往基本上就抵消了賣房的獲利。

畢竟我們都需要一個居住的地方，沒錯吧？

然而毫無疑問，我並不是在批評業主自營這項模式，因為我自己就是其忠實的擁護者。但在你考慮把自己的家作為不動產投資標的之前，請先了解業主自營相關所需的真實成本。

傳統的401(k)帳戶

401(k) 是千萬富翁用來為退休進行投資和累積財富最常見的投資工具之一。它允許勞工將稅前收入的一定比例存入一個稅務優惠退休帳戶，該帳戶可以藉由投資股票、債券以及共同基金這些資產而隨時間穩定成長。

　　除非你喜歡繳更多的稅報效國家，不然 401(k) 可以根據你轉扣的薪資金額降低你的應納稅收入，是非常划算的投資。

　　讓我們舉一個例子來進行說明。假設你的應納稅收入是 8 萬美元，而你決定一年扣轉 1 萬美元到你的 401(k) 帳戶。所以扣掉這 1 萬美元後你的淨收入就變成 7 萬美元，也就代表你需要繳的所得稅降低了。

　　假設邊際稅率[1]為 22%，在扣轉 1 萬美元薪資到你的 401(k) 帳戶之前，你的應繳稅額大概是 1 萬 1,000 美元（決定實際金額的因素很多，那已經超出本書的討論範圍！）。而在扣轉 1 萬美元薪資到你的 401(k) 帳戶之後，因為應稅所得降低為 7 萬美元，你需要繳的所得稅也減少為 9,000 美元，省下了 2,000 美元。

　　在上面這個例子中，扣轉部分比例薪資到你的 401(k) 帳戶，你可以減少 2,000 美元的納稅額，這也代表你可以保留更多自己辛苦賺來的薪水（也繳給山姆大叔少一點，雙贏！）。此外，直到退休領回以前，你扣轉到 401(k) 帳戶的錢會隨著遞延稅項而成長，可以進一步讓你的儲蓄隨時間增加。

　　遞延稅項的意思是當你退休領回儲蓄時才需要繳付的稅額。所以使用 401(k) 帳戶儲蓄實在是如同寶石般珍貴的投資方法。怪不得它會成為許多千萬富翁的致富工具！

　　投資傳統的 401(k) 帳戶有以下幾個理由讓它成為明智的選擇。

---

1. 譯註：邊際稅率指的是每增加一單位所得所適用的稅率，又稱為級距稅率，即各級距所適用的稅率。

理由 1 它可以讓你透過在職業生涯期間持續地投資進而擁有富裕的退休生活，同時減輕你當前的稅務負擔。

理由 2 許多雇主都會提供和你扣轉比例匹配的金額，加碼資助你的 401(k) 帳戶 [1]。這實際上是免費的資金，可以幫助你的儲蓄成長得更快。

理由 3 投資傳統的 401(k) 帳戶可以讓你享有複利的威力。只要把獲利再反覆投入，你的投資就會隨時間得到指數型的成長，因為你不但可以從初始的投資中獲利，還可以從獲利中再賺取獲利。

理由 4 最後，這也是一種方便的退休金儲蓄方式，因為透過自動化系統（我們在習慣 #5 這一章討論過）的力量，它可以自動扣轉你特定比例的薪水來進行儲蓄。自動化可以幫助你按部就班地實現你的財務目標，並確保你存下足夠的資金以享有舒適的退休生活。

但 401(k) 帳戶還是有一項缺點：在提取資金時有所限制，政府也規定你每年可以扣轉的金額，超過就會被處以罰款。截至 2023 年，一個人一年最多可以扣轉 2 萬 2,500 美元到 401(k) 帳戶。50 歲以上者可以再額外扣轉 7,500 美元。美國國稅局每年都會更改規定，請注意隨時確認最新的相關限制。如果你不確定的話，

---

1. 譯註：台灣情況則是勞退新制強制雇主每月提撥員工 6% 薪資，員工則可自行選擇提撥 1%~6%。

你的雇主可以幫你弄明白。

當你滿 59 歲半時就可以開始從 401(k) 帳戶中提取資金，滿 72 歲時則強制必須開始提領（稱為規定最低提領額）。切勿在你滿 59 歲半前從你的 401(k) 帳戶提取資金，否則你會面臨罰款，這將會侵蝕你的資本獲利。

在我們往下討論 Roth IRA 之前，我想再次對那些為員工提供相應扣轉比例金額，加碼資助其 401(k) 帳戶的雇主們表示感謝。許多雇主會**自掏腰包**，提供匹配你扣轉薪資比例的金額，幫助加碼投資你的 401(k) 帳戶。這是雇主直接存入你 401(k) 帳戶百分百的免費資金。但前提是你自己必須扣轉一定比例的薪資到你的 401(k) 帳戶。如果你的雇主願意提供此免費匹配資金，請確認你也必須扣轉能夠取得雇主全額補助資金的薪資比例。

Roth IRA 個人退休帳戶

如果你想要節稅，那 Roth IRA 會是你理想的投資帳戶選擇。

Roth IRA（個人退休帳戶）是一種稅後退休計畫，可以讓勞工為了退休進行投資。這表示它沒辦法像 401(k) 帳戶一樣降低你的應納稅收入，但是在你退休提取這筆款項時不需要繳付任何稅費（前提是你已經擁有 Roth IRA 帳戶 5 年以上）。所以在你整個職業生涯所投入的資金都能夠享有免稅的成長，偉哉美國！

和 401(k) 帳戶一樣，政府對你可以扣轉多少金額到你的

Roth IRA 帳戶，以及何時可以免受處罰地從此帳戶中提取資金都有設下限制。如同 401(k) 帳戶，你可以在 59 歲半的時候開始從你的 Roth IRA 帳戶中提取資金，但如果你在這個年紀之前提取就會被處以罰金。截至 2023 年規定罰金為 10%。

美國國稅局只允許你一年扣轉 6,500 美元到 Roth IRA 帳戶，如果你超過 50 歲則是 7,500 美元。同時完全禁止高收入者（單身戶超過 15 萬 3,000 美元，合併申報戶超過 21 萬 8,000 美元）扣轉資金到 Roth IRA 帳戶。

Roth IRA 帳戶沒有規定最低提領額，只要你願意，就可以繼續累積你的儲蓄。

健康儲蓄帳戶

不是很多人知道健康儲蓄帳戶的威力，但既然你正在讀這本書，那麼恭喜！因為你將會瞭若指掌。

健康儲蓄帳戶（Health savings accounts，簡稱 HSAs）是進一步實現長期投資成長的絕佳選擇。這個帳戶可以讓人們預留金額做為符合規定條件的醫療支出，例如醫療自負額、助聽器、牙齒保健、流感疫苗、藥物費等。

健康儲蓄帳戶提供以下的 3 項稅務優惠：

稅務優惠 1 健康儲蓄帳戶是一種稅前儲蓄帳戶，代表存入這個帳戶的每一塊錢都會降低你的應稅收入，就跟 401(k) 一樣。

稅務優惠 2　你的健康儲蓄帳戶將因享有免稅而成長。

稅務優惠 3　你可以隨時從帳戶中提取款項用於符合條件規定的醫療支出，而且沒有額外的稅費。

好處還不只這樣，滿 65 歲後，你的健康儲蓄帳戶就會轉為傳統的 401(k) 帳戶。意思就是在你 65 歲生日之後，你就可以**不受限制**也不必擔心遭到罰款，自由地提取及使用你健康儲蓄帳戶中餘留的資金。相當划算吧？

只有一個問題必須注意，就是在 65 歲後如果把健康儲蓄帳戶中餘留的資金用在不符合條件規定的醫療支出，那將會被視為收入徵稅。儘管如此，為了降低應納稅收入並為健康相關的醫療支出累積一筆可觀的儲備金，這只能算是一個小小的代價。

然而健康儲蓄帳戶需要高自付額的醫療方案（High deductible health plans），所以並非適合（甚至無法適用）所有人。例如，假設你經常需要支付醫療費用，那把相關資金存放在一個儲蓄帳戶中會比較保險，因為這樣百分之百安全。

加密貨幣

如果每次有一個人跟我說「加密貨幣就是未來」我就可以得到 1 塊美元，那我已經再一次成為千萬富翁。當然，那是在比特幣經歷如流星般瞬間非理性暴起的 2021 年，那時幾乎每天都可以看到加密貨幣上頭條新聞。奇怪的是，最近我越來越少聽到這

類消息。

我並不是加密貨幣的忠實粉絲，在 2021 年的時候不是，到今天仍然不是。我懷疑它們的長期可行性，也不認為像是比特幣這樣的資產能夠再次經歷先前那般驚人的成長。但這並不表示加密貨幣不能成為你整體投資策略的一部分。

加密貨幣是一種資產類型，就跟我們在這一章討論過的任何資產一樣。

如果你對它還不甚了解，下面是簡短的說明。

加密貨幣是一種數位貨幣，其使用加密技術來監管單位貨幣的創建以及分類帳本，以驗證資金的移轉。

加密貨幣吸引人的一項元素是它們被控制的方式。不像美元是由聯邦儲備系統進行監管，數位貨幣的運作獨立於中央銀行之外，並可以用來在網路上購買商品和服務或是兌換成其他貨幣，包括像美元或歐元這類的傳統貨幣。然而，即使加密貨幣已問世多年，使用數位貨幣進行交易仍然不普遍。

簡單說，它就像是一種虛擬貨幣，可以用來在網路上購物，或交易成另一種類型的貨幣，你可以把它想像成大富翁遊戲裡使用的貨幣。其獨特之處在於去中心化，意即沒有任何單一實體能夠操控它，並且使用加密技術來確保交易安全及控制新單位的創建。創建新的加密貨幣需要大量的投資以及運算能力。

大部分的加密貨幣投資者使用美元（或是其國家的貨幣）來購買並持有數位貨幣，然後期待它增值。加密貨幣可以賣出並兌換成其他貨幣，或是用來購買商品和服務。

較受歡迎的加密貨幣包括比特幣（Bitcoin）、以太幣（Ethereum）以及萊特幣（Litecoin）。

主動型投資 vs. 被動型投資

根據一項調查，有將近 80% 的主動型基金經理人，其績效表現低於像是標普 500 這樣的大盤指數。雖然幾乎每位主動型投資者都相信自己會是另外那 20%，但就數據上顯示結果很可能事與願違。

主動型投資和被動型投資兩者間的差異可能會讓你的荷包損失慘重。下面就讓我們來看看兩者主要的差異。

主動型投資 主動型投資者透過自行挑選投資標的，主動地管理他們的股票、債券和其他資產的投資組合。比起被動型投資者，他們通常會更頻繁地進行股票和債券的交易。他們買進自己認為業績將會表現良好的公司，同時避開前景不佳的公司。他們可能也會採用複雜的投資策略，像是衍生性金融商品或是做空，來達成他們的投資目的。主動型投資需要投入大量的時間和精力，同時具備對金融市場的深刻了解。

被動型投資 相對而言，被動型投資者則利用指數基金和 ETFs，自動地把他們的資金分散到整個市場，不必自己挑選股票，而且績效表現通常都要優於主動型投資者。被動型投資的目標是和市場的整體表現相匹配。比起主動型投資，被動型投資須

要花費的時間少很多，因此對許多投資者是具有吸引力的簡單投資策略。

主動型投資者想要「打敗市場」是不可能的任務嗎？當然不是！有許多主動型投資者的績效表現都要優於標普 500 以及其他指數。然而，除非你對市場及金融策略有深入的了解，並且也願意承擔較高的風險，否則更高的可能是你會被市場打敗。除非你也喜愛關注殖利率和本益比，不然被動型投資通常會是比較好的選擇。

「被動型優先」投資策略

許多投資者會採用一種結合兩種投資哲學的混合式方法，可以自己挑選股票又能夠享有被動型投資的優點。我喜歡把它稱為「被動型優先」投資策略。

採用「被動型優先」投資策略，你必須把你大部分的投資放在被動型指數基金和 ETFs 上，再把一定比例的資金投入主動型投資。要拿出多少比例投入主動型投資主要取決於你的風險承受度，以及你的整體投資目標和價值標準。

你的風險承受度越高，就可以投入越高的比例。相反的，如果你的風險承受度較低，那就投入少一點。一般而言，把 20% 或更高比例的資金用於主動型投資就屬於高風險承受度。

舉例來說，許多「被動型優先」的投資者在主動型和被動型投資兩者間採用 90 ／ 10 的比例分配，來取得合理的風險平衡（不會太高，也不算太低）。把 90% 的投資放在被動型指數基金，留

下 10% 享受一下自己挑選股票的樂趣。就算這 10% 投資的表現不盡如人意，也不至於毀掉你的財富。

重要的是，別因為某一年的報酬優渥，就大幅地提高主動型投資的比例。比標普 500 指數賺的多很棒，但切記，只需要一次糟糕的投資就會把你大部分的獲利化為烏有。如同我們先前已經討論過的，被動型投資的績效表現往往要優於主動型投資。

一個常見的被動型優先投資策略

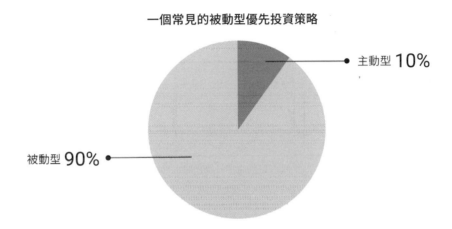

主動型 10%

被動型 90%

不論主動型投資者還是被動型投資者都可以成為千萬富翁。但對於我們絕大部分的人來說，採取被動型或被動型優先策略加入千萬富翁俱樂部的可能性更高。你唯一需要做的事情就是投入資金，剩下的就交給市場做它最擅長的事情。

長期投資造就千萬富翁

「快速致富」很吸引人，沒錯吧？但如果有這麼容易，那每個人早就都如法炮製，你也早就是千萬富翁，不只你，還有你的鄰居。

累積財富需要時間，在股市中更是如此。從標普 500 在 1957年成立以來，至今的歷史年化報酬率為 11.8%。投資越久，你就有機會累積越大的財富。

讓我再舉個例子向你證明。

如果你在 1990 年投資標普 500 指數 100 美元，然後只將全部的股息繼續加碼投資，此外不再多花一毛錢，那現在你的存摺上會有 2,390 美元的儲蓄。這是以每年 10% 的平均報酬率計算得到。如同在本章稍早我們討論過的，複利的威力能夠幫助我們以指數型的成長速度累積財富。

這期間包括 2000 年初的市場暴跌、2009 年毀滅性的市場崩潰，以及 2022 年標普 500 指數的一蹶不振。然而就算經歷所有這些市場大幅下挫的情形，該指數的平均報酬率仍然回復到 10%以上。

這就是為什麼在市場中，時間要比時機來的更重要。

只要你投資的越久，你所累積的財富持續成長的可能性就會越高（平均成本法的效果就在這裡，我們會在下一個段落進一步討論）。

我喜歡舉例來說明重要的論點，所以下面我們就再舉另外一

個例子。

讓我們考慮兩位假設下的投資者，大衛和莉莎。

大衛是一位短期投資者，喜歡在幾天或幾週內透過股票交易快速獲利（很明顯他就是一個主動型投資者）。他花費大量時間監控股票市場、研讀季度財報（打哈欠！），並利用短期的市場波動頻繁地進行股票交易。

相對的，莉莎則是一位長期投資者，堅信應該長期持有股票，通常為數年甚至數十年。她投資指數基金和 ETFs，因為她不想承擔自行挑選股票的風險，而且很少對自己的投資組合做出任何改變。

長期下來，莉莎的獲利可能會優於大衛。這是因為短期投資牽涉許多風險因素，而且不太可能持續打敗市場。短線交易者有時可以透過一、兩次買賣就快速獲利，但是他們也容易受到市場波動的影響而導致重大損失。

相較之下，像是莉莎這樣的長線投資者則能夠從複利的威力中獲益。長期持有好的股票可以讓他們從其投資的公司穩定成長中受惠。雖然像莉莎這樣的交易者會受到市場下挫和景氣衰退的影響，但歷史已經證明市場始終會隨時間上漲。

切記，長期投資者會從一項堅不可摧的事實中受益，那就是股票市場會隨著時間上漲的趨勢。透過持有一檔多樣化的股票投資組合，他們就可以共享整體市場成長的果實，而歷史的數據是每年會帶給你大約 8% ～ 10% 的報酬率。

整體而言，短期投資也許偶爾可以帶來快速的獲利，但像莉

莎這樣的長期投資者，隨時間透過長期投資，最終可能會賺到更多的錢。

為什麼平均成本法（定期定額）有效？

你已經了解指數基金和 ETFs 讓投資變得多麼簡單。但如果我告訴你還有一個方法可以讓投資變得**更簡單**呢？

答案就是平均成本法，它可以為你帶來富裕逍遙的生活。

平均成本法（Dollar-cost averaging）是一種直接了當的投資策略，也就是定期地購買股票和債券等金融資產，不須考慮價格因素。我的整個人生至今都奉行這項投資策略，因為它既簡單又有效。

舉個例子，假設你想要把 20% 的薪水拿來投資。你每兩個禮拜發薪一次。採用平均成本法策略，你把每一次薪水的 20% 拿來投資，而不是 1 個月（甚至 1 年）一次。你也不會試圖掌握市場行情，在你認為已經到了最低點的時候一次就投入一大筆錢。除非你夠幸運，不然這樣的投資方法不會有效果。

為了讓投資程序更簡單，你或許可以利用雇主提供的薪資系統固定扣轉每個月的投資金額，或是每兩個禮拜使用銀行自動轉帳一次。只要設定好它就會自動定時進行，你不需要再花腦筋記住什麼時候應該投資。

雖然我喜歡平均成本法策略而且到現在還在使用，但在一種

情況下它可能不是你的最佳行動方案。比方說，假設你得到了一大筆意外之財，例如遺產。你可能會認為使用平均成本法能夠降低在某個時刻投資一大筆資金的風險，因為它可以把投資分散到不同的時間，使其受到市場波動的影響減少。然而，這沒辦法總是奏效。

例如，在得到一筆 5 萬美元的意外之財後使用平均成本法策略，你可能會隨時間將其分批固定進行投資，而不是一次就全部投入市場。但是先鋒領航集團發現，大約有 3 分之 2 的情況，一次性投資的績效會優於平均成本法[1]。這是因為市場通常會往上（但當然不是永遠！）。一次把 5 萬美元全部投入市場，代表這一整筆錢會有比較長的投資時間。而我們在這一章已經了解，投資越久，潛在的回報就會越高。

如果你有一大筆錢可以投資，那一次性投資也許更適合你，尤其是當市場情況穩定或往上時。

平均成本法是隨時間固定進行投資絕佳的方法，大部分的人也都已經透過雇主自動扣轉或銀行自動轉帳來執行。但是，如果你有一大筆錢可以投資，那一次全部投入可能才是最佳的方法。

---

1. Berger, R. "Dollar Cost Averaging vs. Lump Sum Investing—How to Decide." Forbes (2021).

股票下跌？別慌張！

股票市場最棒的賠錢方式之一，就是在市場往下時驚慌失措地賣掉你的股票。在股票下跌時賣出，就注定為你帶來損失。當你在賠錢的情況下賣掉一項投資，那你就是認定這項投資的價值會持續縮水。

然而歷史已經證明，市場在下跌後終究會反彈。如果你在市場下跌期間賣掉你的投資，那你也許就會錯失恢復的機會。

相反的，市場下跌時可能是買進更多股票的絕佳時機，因為這就好像股票正在進行「大拍賣」，這時的價格要比幾個月或幾年前來得更便宜。

當市場下跌時，會因此感到些許焦慮是人之常情。重要的是你必須記住，情緒會影響你的判斷，而導致錯誤的投資決策。如果你對市場感到不確定或悲觀，那暫時跳脫別為此煩惱是一個好主意，先去從事任何可以讓你轉移注意力的活動，避免在這個時候做出任何重大的財務決策。然後在你覺得可以更理性地進行思考時再回來審視你的投資。

付諸行動

你需要做的事情如下

步驟 1 開始投資你的 401(k) 和 Roth IRA 帳戶。如果你的雇主提供 401(k) 或是 Roth IRA，請開始撥出一定比例的薪水來進行投資。大部分的雇主都提供薪資扣轉，可以讓你直接且輕鬆地挹注這些帳戶。如果你的雇主自掏腰包為你的 401(k) 帳戶提供某個比例的扣轉金額，就請你自己也扣轉匹配該比例的足夠金額（記住，這可是免費的午餐）。

步驟 2 去開一個證券帳戶。如果你沒有可以用來存入 401(k) 或 Roth IRA 的帳戶（或者你是一個衝勁十足想進行更多投資的人），那就去投資公司申請一個經紀帳戶，例如先鋒領航集團[1]，使用銀行自動轉帳每個月自動進行投資。根據自己的風險承受度，你也許可以決定自行挑選個股；如果你的風險承受度較低（而且想要擁有優於主動型投資者的績效表現），那可以選擇 ETF、指數基金以及生命週期基金。如果你不確定該如何選擇，大部分的投資公司都有專業人員可以諮詢，能夠幫助你挑選出適合自己的投資標的。

步驟 3 把你 20% 的收入拿來投資。只要投資越多，你就可以賺取越多回報，但前提是你必須長期堅持下去。你的目標是每個月都至少投入 20% 的薪水進行長期投資。如果你還沒辦法做到，沒關係，這是一項需要毅力堅持的過程。重點是你必須

---

1. 譯註：在台灣你可以使用網路銀行，單筆或定期定額購買基金產品，也可以到證券公司開戶自行挑選購買股票和各類指數基金產品。

從長計議並且持之以恆。現在能夠做多少投資就做多少投資，然後隨著職涯的升官加薪慢慢增加你的投資。

習慣 #7
千萬富翁為意外做好儲蓄

如果有什麼東西可以摧毀財富，那就是預期外的龐大開銷。這類財務危機，不僅會侵蝕我們的財富，還會讓我們陷入極難擺脫的債務循環。

想像一下你家屋頂破了個洞，水正從天花板傾瀉而下，「沖洗」著你的電視還有電腦，你上個禮拜才買的新電腦。

你連說了三次，「糟了！糟了！糟了！」看來你的錢包要大失血了！

你趕緊拿了幾個水桶來接水，然後打電話給承包商求他們趕快來看看是什麼情況。奇蹟似的，你找到一個當天就有空的承包商（我知道，這通常不太可能發生，但就假設它真的發生了），他們很快就趕到，開始檢查屋頂的漏洞，然後跟你做出修理費報價，金額是 2 萬美元。這 2 萬美元包括天花板修理、鋪設新的電線以及牆面石膏板的費用，當然，還有屋頂維修再加上人工費。

你沒有選擇（或沒時間再去比價）只能接受。你的屋頂破了而且正在漏水，需要盡快修理。於是你就用你的信用卡付了一半的定金，好讓承包商開始工作。然後你的信用卡帳單上瞬間就蹦出了 1 萬美元的卡費。

到了工程結束時，假設沒有額外追加的費用，你的信用卡帳單上會有超過 2 萬美元的金額，整整是你平常一個月正常開銷 10 倍以上的金額。

這是什麼情況？

情境 1 你有預留能夠支應 3 個月生活費的緊急備用金，所以這筆費用不是問題。你若無其事地登入你用來存放緊急備用金的儲蓄帳戶，轉了 2 萬美元到你主要的支票帳戶付清了你的信用卡費。之後，你一樣還是每個月存入 200 美元到你的儲蓄帳戶，繼續累積你的緊急備用金。你告訴自己這沒什麼大不了，人生總是會有意外發生，而這就是你的緊急備用金發揮功能的時候。

完成修理費轉帳後，你泡了一杯咖啡，在乾爽的客廳沙發上舒服地坐下來，追看最新幾集的《房產兄弟》。

情境 2 你月底沒有足夠的錢繳清信用卡費，所以就在帳單上留下未繳餘額到下個月。你只繳了 3,000 美元，帳單上至少留下 17,000 美元的未繳餘額（你可能也用同一張卡支付了其他開銷），別忘了還要加上 21% 的利息。下個月你繳了 3,500 美元，至少又留下 13,500 美元加上又一次 21% 的利息。再下一個月又是未繳餘額再加上又一次 21% 的利息……

你需要 6 個月的時間才能完全還清你的信用卡費。等到還清

後，你才發現自己浪費了好幾百塊美元在償付利息，因為有將近半年的時間你帳單上都有未繳清的餘額，這好幾百塊美元就是循環利息累積的傑作。

好了，現在你應該已經很清楚，自己會想要選擇的是情境 1。不論是屋頂需要修理、遇到車禍、需要一筆醫藥費還是突然失去工作，你都必須預留足夠的現金，來支應預期外的緊急財務需求。

千萬富翁都會為意外做好萬全準備，因為他們知道如果沒有為自己預留一點額外的現金，生活就可能陷入財務危機（更別說還會有龐大的壓力）。

如果你還沒有為自己預留一點額外的現金（或是你覺得準備的還不夠），我們接著就來討論如何開始累積你的第一筆緊急備用金。

你應該存多少？

關於緊急備用金最大的一個問題是，你應該存多少才夠？我會建議你把目標設定為至少能夠支應 3 ～ 6 個月生活費的金額，以便在意外狀況發生時，讓自己的財務有能夠應付的緩衝空間。

但你可能會問，「3 ～ 6 個月的差距很大！我到底應該如何做決定？」這是一個好問題，我們就繼續深入討論下去。

首先，為什麼你**最少**應該要存下足夠支應你 3 個月生活費的金額？

　　因為一般而言，如果你突然失業，那 3 個月的時間足夠你再去找另一份工作。如果你明天被裁員，你的緊急備用金可以讓你暫時不用煩惱生活費，因為你有 3 個月的時間再去找一份新工作。

　　然而，有幾個理由會讓你最好能夠預留 3 個月以上的緊急備用金。

　　如果你對風險的忍受度較低，那存下多一點錢或許可以讓你晚上睡的甜一點，因為你知道自己有一大筆金額可以在有需要時隨時動用。此外，對一個有孩子需要養育但只有一份收入的家庭來說，失業可能會是一個非常嚴重的問題。

　　想像一下，如果主要的經濟支柱失去工作，而他／她還有一家四口要養。就這個例子而言，如果有 6 個月的緊急備用金，那在尋找下一份工作期間就可以擁有更大的財務緩衝空間，用來支應伙食和水電費等生活開銷。換句話說，你的家庭成員越多，就需要預留更多的緊急備用金。

如何設定你的第一筆緊急備用金

　　你的目標是在一個單獨的儲蓄帳戶或是貨幣市場帳戶裡保持至少能夠支應 3 個月生活費的金額。除非你必須應付預期外的財務負擔，否則你絕對不會動用這筆緊急備用金。

　　你的生活費包括你 1 個月所有的開銷，例如抵押貸款／房租、公用事業費、加油費、健康保險、手機費、寵物伙食費和育兒費。

所有這些支出就是你的生活費。如果你一個月需要 5,000 美元來維持你的生活方式（從你住的房屋維護到你訂閱的串流服務費用），那就把你的目標設定為存下 1 萬 5,000 美元的緊急備用金。而且切記，你必須把這筆錢存在另外的儲蓄帳戶或是貨幣市場帳戶，而不是放在你的薪資帳戶，這樣容易不小心花掉。

下面是建立你的第一筆緊急備用金的 3 個步驟。

步驟 1：將其存放在獨立的帳戶

最糟糕的做法就是把你所有的儲蓄全部都放在你的薪資帳戶中。這樣會太容易不小心（或是刻意）被花掉。你必須把它存放在一個獨立的儲蓄帳戶或是貨幣市場帳戶。

就好像把巧克力存放在儲藏室裡，我們知道巧克力在那裡，就會忍不住想去偷吃一塊！所以讓我們不要自己誘惑自己。

我們可以使用網路銀行的儲蓄帳戶來存放緊急備用金。

我們可以從中賺取一點小小的利息，而且不可能會不小心花掉它，因為這筆錢和你的薪資帳戶完全分開。而且一旦遭遇緊急情況需要預期外的開銷時也很容易進行存取。

爭議性提醒：有些人喜歡把緊急備用金儲蓄放在股票市場投資，認為保留可以支應 3 個月生活費的緊急備用金數目太大（當你想到，現金不像投入股市的資金那樣會上漲）。

我不同意這樣的論點。因為如果發生需要緊急資金的意外狀況，你不會想要因此被迫賣掉股票來支應。一來，賣股票會產生稅費。再者，你總是會希望能夠百分百地掌控自己想要賣出股票

的時間點。

還有一點，股票可不是只會漲不會跌。如果就在你需要使用這筆錢之前股票下跌，你的可用資金不知道會被打幾折。

你的緊急備用金就單純只是應急用的儲蓄，目的不是投資。你必須將這筆錢存在可以生息的儲蓄帳戶，讓這筆錢的安全得到保障，遠離市場的波動起伏。

步驟 2：讓其成為優先要務

如果你沒有為緊急情況預留任何資金，那就讓它成為你的優先要務。建立你的緊急備用金要比投資或是還清債務還要來的更加重要。要記住，一旦發生緊急情況可能就會讓你陷入負債的危機。

龐大的非預期性支出會摧毀你的財富。然而，只要我們在財務上對預期外的支出和突然失業準備的越充分，就越能夠在不產生信用卡債務的情況下，安然度過難關。

有超過一半的美國人，他們的存款不足以支應 1,000 美元的緊急費用。這表示他們以信用卡支付這類開銷，因而不斷累積高利息的信用卡債務。

如果你也必須靠刷卡或借貸才能支應 1,000 美元的緊急費用，那建立你的緊急備用金就是你的首要任務。

要讓這項任務變得輕鬆，請使用自動化系統來幫助自己。下面步驟 3 會就如何使用自動化系統做更進一步的說明。

步驟 3：利用自動化讓一切變得輕鬆

如果你已經讀了有關如何使用自動化系統的章節（也就是習慣 #5），你就知道我是利用自動化系統來讓理財變簡單的忠實擁護者。使用電腦將投資或儲蓄這類重複性的事務，設定為自動進行的例行工作，也是讓建立緊急備用金變得簡單絕佳的方法。

為什麼自動化這麼重要？因為自動化不需要你用紀律來約束自己，電腦不會忘記它被設定好的任務，但人類就可能會忘東忘西！而且大部分銀行都有提供線上系統，讓我們可以輕鬆地設定每個月進行自動轉帳，讓你不需要再多費心思。

登入你的儲蓄帳戶，設定一個不會讓你覺得壓力太大的金額（例如每個月 100 美元），每個月自動地從你的薪資帳戶轉入你的儲蓄帳戶。請注意，在設定過程中你必須將你的薪資帳戶連結到你的儲蓄帳戶，這樣你的儲蓄帳戶才能每個月收到轉帳。

一旦設定好轉帳時程，每個月就會自動進行，你連一根手指頭都不必再動。慢慢的，你就可以自然而然地累積你的緊急備用金了。

只要完成設定，自動化系統就永遠不會忘記它的任務，就算你本人忘記也沒關係。

記住一句老話，羅馬不是一天造成的，要累積可以用 6 個月的緊急備用金也不是。如果現在你 1 個月只能存下 50 美元那也沒關係，就存 50 美元。接著在你做得到的時候提高它。累積你的緊急備用金是一場馬拉松，不是百米短跑。關鍵在於開始後必須持之以恆，直到累積足夠支應 3 ～ 6 個月生活費的金額，可以

隨時讓你在需要時就可以使用（但不是隨便你想用就用）。

你應該把緊急備用金存放在哪裡？

就像我們已經討論過的，你絕對不該把你的緊急備用金拿去股票市場投資，因為你不會想在面臨預期外的開銷時，被迫賣出股票來支應之外還產生一筆稅費。換言之，你只會想要按照自己的條件出售股票。

有幾個好地方很適合用來存放你的緊急備用金。

儲蓄帳戶：這是拿來存放緊急備用金最單純也最直接的地方。你的儲蓄帳戶必須和你的主要薪資帳戶分開，這樣可以防止你不小心花掉緊急備用金。如果你想要更為保險，那可以考慮去和主要薪資帳戶不同的另一間銀行開一個儲蓄帳戶。這樣的話如果沒有刻意登入另一間銀行，你連自己的帳戶都看不到，而且進行轉帳也需要多花幾天時間，如果你想要從緊急備用金中「偷」一點來花在非緊急用途上的話也會更加困難。

選擇「高收益儲蓄帳戶」，表示該帳戶受到聯邦政府最高 25 萬美元的存款保險，所以安全無虞。而且你還可以賺取一點小小的利息，可以幫助你的緊急備用金隨時間小小地成長。但利率在不同銀行間會有很大的差異，而且也會有週期性變動。我就曾經看過某些儲蓄銀行提供高達 5% 到 6%（甚至更高）的利率，但也有只提供 0.01% 利率的銀行。

　　貨幣市場：貨幣市場帳戶是由銀行和信用合作社所提供，是一種利率相較傳統儲蓄帳戶要來的更高的銀行帳戶。但相對而言，也要求較高的最低存款金額和餘額，有時候也會限制 1 個月可以進行交易的次數（通常來說這應該不會是問題，除非你一天到晚都碰到緊急狀況）。就跟一般的儲蓄帳戶一樣，貨幣市場帳戶也由美國聯邦存款保險公司提供最高 25 萬美元的保險。

　　定存：把緊急備用金以定存形式存放對你可能是比較沒有吸引力的選擇，但卻很適合某些人。定存可以讓你賺取相較一般儲蓄帳戶或是貨幣市場帳戶更高的利息，同時它們還具有時效性，並限制你何時可以在沒有罰金的情況下提取資金。

　　大部分定存的期間範圍是從 1 個月到 10 個月或是數年（例如一年期定存），就是你同意你的錢放在定存的時間。如果你在到期日前要從定存提取你的錢，那就會被收取一筆罰金。

　　因此，定存可以做為存放部分緊急備用金的一個不錯選擇，但是我建議，不要把全部的緊急備用金儲蓄都存放在一個你無法隨時存取、而且想要存取時可能還會有罰金的帳戶中。如果你是為了將來某個特定目的而儲蓄，那定存會是一個不錯的選擇。例如準備在結婚 5 週年紀念時，來一趟加拉巴哥群島行的旅遊基金。

什麼是緊急狀況？

在這章結束之前，我們來簡短地聊聊到底什麼是緊急狀況。你已經想買很久的一台電視終於降價促銷了，不對，這並不是什麼緊急狀況！

所謂的緊急狀況就是任何立刻就需要一筆不小金額開銷的非預期事件。

比方在這章一開始就提到的你家屋頂漏水就是一個典型的緊急狀況案例。你沒想到它會發生，但它就是需要你花錢修理。

下面是一些緊急狀況的其他案例，包括：

- 寵物開銷：如果你有養寵物，可能需要使用你的緊急備用金來支應預期外的寵物醫療費用，比方你的寵物受傷或生病的時候。

- 失業：如果你不幸失業，可能就需要動用你的緊急備用金來支應生活開銷，直到找到新工作為止。

- 天災：颶風、龍捲風和其他自然災害可能馬上就要來侵襲，必須在很短的時間內進行房屋維修或補強防護措施。

- 意外：修車可能所費不貲，尤其是因為遭遇意外事故。你的緊急備用金可以幫助你支應修理所需費用。

- 醫藥費：即使你有醫療健康保險，預期外的醫藥費支出可能還是會高得嚇人。你的緊急備用金能夠幫助你負擔共付額、自負額以及其他自付費用。

實例分享：我和我太太曾在一個晚上開著我們的車（現代 Sonata）回家途中，突然有一隻長耳大野兔衝到路中間，結果造成我們車子的底盤需要超過 2,000 美元的修理費。這 2,000 美元是來自一隻大野兔的傑作！換句話說這完全是意外，你根本沒想到會突然就需要這一大筆錢。

還好，我們的緊急備用金讓這件意外只帶來一點不便，而沒有因此造成經濟上的重大負擔。

這就是緊急備用金存在的意義。

付諸行動

你需要做的事情如下

步驟 1 如果你沒有預留緊急備用金，那就開始準備。先去開一個儲蓄帳戶，用來存下你的緊急備用金。接著設定銀行自動轉帳功能，每個月從你的薪資帳戶轉入一筆不會讓你覺得壓力太大的金額到這個儲蓄帳戶，你的緊急備用金就會隨時間自動累積。我非常喜歡這種做法，因為它讓事情變得簡單。

步驟 2 別偷花你的緊急備用金！想從你的緊急備用金帳戶「借」一點錢花花？千萬別這麼做。這個帳戶裡的錢是專為真正的緊急情況發生時而準備，不是拿來用在汽車經銷商舉辦的「陣亡將士紀念日」大促銷上。當你從緊急備用金帳戶偷錢，你就是在偷取自己的未來。平時你必須裝作沒有這筆錢存在，只有在真正必要的時候才能動用。

步驟 3 **真的有需要時就用吧**。信不信由你,有些人因為自己花了很長的時間才建立起他們的緊急備用金,所以和緊急備用金產生了一種堪稱怪異的情感連結,因而抗拒使用這筆錢。

真的沒有必要如此!這筆錢有它存在的理由。不要因為不想花這筆錢而讓自己陷入負債危機,它就是為了應付危機發生時而存在。剛開始你可能還是需要使用信用卡來支應,這無可厚非。但之後你就必須設定從你的儲蓄帳戶直接扣繳你的信用卡費,或是從儲蓄帳戶轉帳到你的薪資帳戶進行繳付。

習慣 #8
千萬富翁為自己創造好運

「運氣」這個詞很常看到。每次當我在社群媒體上討論千萬富翁或有錢人家時，總是會有一些人把他們的成功歸因於運氣。總是將一切歸因到那愚蠢的運氣。

創業成功？那你可能有老爸老媽資助。

在 30 幾歲就成為千萬富翁？那你大概是繼承了一大筆遺產。

奇怪的是，我卻從來沒聽過有任何人說麥可喬丹（史上最佳且最受歡迎的 NBA 職業籃球員之一）的成功只是因為運氣。

除了少數例外，我們不會認為大部分成功的運動明星都只是因為「好運」。我們會認可他們的努力和嚴格的日常訓練，讓他們能夠在自己的職業運動生涯期間始終維持高水準的競技狀態。

你也許知道喬丹的故事，還是高中生時他每天都在健身室鍛鍊一個小時。在訓練結束後進行短距離跑步衝刺。一旦有哪裡做得不對，立刻就可以聽到來自教練的吼叫訓斥。在北卡羅萊納

州威爾明頓的藍尼高中，當時沒能入選籃球校隊的高二生麥可喬丹，因此更加堅定自己要持續進步的決心。

喬丹花了成千上萬個小時磨練自己的球技，持續精進自己的技巧。他會早早就起床，在上學前進行練習、參加球隊的訓練，然後在正規訓練結束後繼續長時間地與籃球為伍。他堅持不懈的努力，為自己爭取到一個校隊名額，而最終成為一名出色的球員。

讓我感到疑惑的一點是，沒有人會認為職業運動選手是因為「幸運」才能成為職業運動選手，但一提到人生中所有其他領域的財富和成功，大家就會說那都是因為運氣關係。那不是他們自己努力得來的，他們只是因為幸運或是爸媽有錢。

著名的電台脫口秀節目主持人戴夫・拉姆齊（Dave Ramsey）發現，有 74% 的千禧世代認為，千萬富翁的財富是因為繼承而來的。超過一半的嬰兒潮世代也抱持同樣的觀點。換言之，有 4 分之 3 的千禧世代相信，千萬富翁之所以有錢是因為他們好運。

他們認為這一切純屬偶然，這實在是非常不可取的心態。

我幾乎翻遍了所有關於財富、繼承和運氣主題的調查研究，結果發現了壓倒性相反的事實。

數據顯示，大多數的千萬富翁都是白手起家，也就是說他們的財富都是自己掙來的。他們的錢並不是從天上掉下來的，與繼承無關。事實上，絕大部分的千萬富翁一生中任何一年的薪水都不超過 10 萬美元！

舉些例子：

- 戴夫・拉姆齊發現，只有 21% 的千萬富翁其財富是因為繼承而來。而這些人當中也只有 3% 繼承的遺產大於 100 萬美元。
- 智庫機構加圖研究所表示，「大多數千萬富翁的財富是繼承而來」，這個論點其實是一種迷思。事實上，「70% 的美國富裕人士是在中產或是下層階級的家庭中成長。」
- 全球財富調查機構 WealthX 發現，每 10 位富翁中有將近 7 位的財富是靠自己賺來的（透過開展自己的事業和投資）。

雖然有些千萬富翁的確繼承了一些遺產，但必須注意的是，財富在一代代的移轉之間會隨時間而減少。這意味繼承而來的財富往往會隨著世代相傳而逐漸消散，而且通常到第三代就會耗掉大部分。這就強化了一個概念，亦即現今最常見的千萬富翁類型，是靠他們自己創造財富。

上面這些證據直接否定了「運氣是成功主要的驅動力」這項說法，這是好消息！因為這代表不論是不是在富裕的家庭中成長，或有沒有龐大的遺產可以繼承，我們每一個人都擁有成功的機會。

只要我們願意努力就能追求成功，而這才是最困難的部分。

到頭來，這相當振奮人心，因為這表示你不需要好運的眷顧也能夠成功。

成功當然並不容易，它無法一夜降臨（如果有這麼容易，那就不會有失敗的人，沒錯吧？）。它需要你大量的辛勤付出，拚

盡全力。就像我們在習慣 #1 討論過的，比起拒絕，你必須更常說好。

在繼續往下討論之前，讓我們先認清一項顯而易見的事實：是的，運氣這東西的確存在。畢竟，我們沒辦法選擇自己成長在什麼樣的家庭、沒辦法決定自己的膚色。我們也沒辦法控制在出生時可能伴隨的先天性遺傳疾病，和其他身體及心理上的缺陷。很明顯，我們無法控制的外部因素會影響我們的人生能否成功，這點無庸置疑。但或許你會更感到訝異的是，生活中也有太多我們可以完全掌控的部分，儘管我們可能不願意承認這項事實。美國已經有夠多白手起家的故事能夠證明，那些生活中無法掌控的部分，並不會決定我們能不能成功。相反的，是那些我們能夠掌控的部分才會帶來最大的差異。

我們的選擇會有骨牌效應

還記得我們在習慣 #6 這一章討論過的複利？這種連續不斷的效果並不是只會在投資上發生的奇特現象。

我們做出的任何選擇也都會有骨牌效應，不論是正面性質還是負面性質的選擇都會。我們所做出的每一個選擇都會有一種效應，會隨時間複合加乘。

我們來看看為何會如此。

有個人名字叫吉米，家境不錯，從小在郊區長大。他住在

一棟典型的兩層樓房屋，搭巴士上學，每天放學後媽媽都在家等他。但吉米小時候犯了一個大錯。他誤入歧途，因為偷竊汽車被捕。他進了監獄留下犯罪紀錄，而他這項犯罪造成了骨牌效應，負面作用持續不斷。

背負犯罪紀錄表示吉米只能找到最低薪的工作，而那些低薪工作沒辦法讓吉米賺到足夠的錢來進行投資。而不進行投資，吉米就很難累積長期的財富。

我們再來看看另一個名字叫莎莉的女性。相對吉米，她是在貧窮的低收入家庭長大。雖然在學校不是個受歡迎的孩子，但成績仍然足夠優秀，拿到了所在州內四年制大學的獎學金。她主修的是會計，畢業後找到了一份還不錯的工作。

她的工作薪資足以讓她開始投資累積財富。之後她找到了一份更好的工作，薪水更高，並且認真地開始增加投資。同時，她也設法保持合理的物質需求。她開的是一輛 15 年的老爺車，不買名牌的日用品。40 歲時，她就已成為一名千萬富翁。

如果不了解事情的全貌，你可能會認為莎莉只是比較好運。畢竟，大多數人只會看到她努力工作最終的結果，看不到她貧窮的成長背景。那吉米又如何呢？因為犯罪紀錄剝奪了他找到高薪工作以及累積財富的機會，所以造成他的不幸？

有趣的地方就在這裡。

假設吉米到社區大學學習汽車修理呢？他可能會在某堂課上認識一位修車廠老闆，聘請他去當技工。而吉米表現優異，被升遷為經理，因而結識一位有錢的客戶，決定和吉米一起開一家自

己的修車廠。

　　同樣的問題：現在吉米還算運氣不好嗎？也許能夠認識一位想要開修車廠的有錢客戶，的確算吉米「好運」。

　　但這枚運氣硬幣的另一面是：因為吉米選擇去上社區大學並且努力工作，而這幫助他遇見了一位喜歡他的工作態度，所以給他機會的修車廠老闆，也才能讓他在之後又結識那位有錢的客戶。換句話說，是吉米的選擇，讓自己處於有機會獲得「好運」的有利位置。

　　因為他選擇去上學，因為他選擇努力工作。

　　也許吉米可以選擇去上社區大學，進而扭轉因為犯罪紀錄在自己身上造成負面作用持續加乘的骨牌效應。如果吉米的修車廠發展茁壯，開始賺大錢，人們也只會說他真好運，不是嗎？人們會說吉米一定是繼承了不少的遺產，或是有父母資助他開展自己的事業。

　　沒錯，上面兩個例子是過度簡化的。但我還是要說：是的，運氣的確存在。每一個在慈愛父母期待下出生，說著英文，還能夠使用網路的人都是無比幸運的。

　　不過話說回來，幸運的人雖然很多，還是有些人活的比別人掙扎。對有些人而言，生活絕對要比別人更艱困。

　　然而值得慶幸的是，負面作用的骨牌效應是可以被扭轉的。

如何創造你的好運

千萬富翁知道如何創造自己的好運。其實我們也已經討論過千萬富翁創造好運的許多方法。例如,對看起來似乎會讓人不舒服的事情說好,能夠讓你處於一個極為有利的位置來結識更多新朋友、培養新技能,進而獲得更多機會。

為工作要求加薪可以幫助你提高自己的薪水。而一份更高的薪水,能夠幫助你遠離信用卡債務、投資未來,甚至可以在 40 幾歲或 50 幾歲時就成為千萬富翁提早退休。你選擇主動地讓薪水增加,財富便會隨時間以複利成長為百萬美元,讓你在未來有更多選擇,例如辭職提早退休,或只需要從事兼職工作,有更多時間可以去旅行或是陪伴家人。

同樣的道理,你選擇開始從事例行的健身活動鍛鍊,它也會以複合的形式讓你更強壯、更健康而且身材體態更優美,整個人煥然一新。每個禮拜優先健身鍛鍊 3 天,持續幾年後你就會成為一個充滿自信和活力的人,願意嘗試新事物,並且在任何情況下都能夠找到最好的機會善加利用。

做出好的選擇,其正面效益會隨時間日積月累,這就是千萬富翁如何幫自己創造好運的方法。

如果你還是不確定要如何創造自己的好運,別擔心。

下面列出的 9 種方法可以讓你把自己變成一個「幸運」的人。

抱持正面心態

有一項事實是：大多數的人都想要和正面積極的人交往。因為負面消極會以不好的方式消耗我們的能量並影響我們的情緒。而正面積極可以幫助我們保持專注、擁有為了達成目標的動力，並且抱持接受任何機會的開放心態。

只要你相信自己可以成就一番大事業，那麼它就很可能會發生。雖然這不會在一夜之間降臨，也需要你的殫精竭慮才有機會實現。但很多時候，成就大事業的第一步就是相信自己可以做到。

如果你本來就是一個正面積極的人，那恭喜你！你已經具備這第一項條件。如果你不是，那也不必煩惱。我們就來討論如何讓自己抱持正面心態。

和正面積極的人往來：我們周圍的人對我們的情緒和心情擁有巨大的影響。多和正面積極的人相處，他們可以鼓舞你，讓你看到事物的光明面。避免和那些總是負面消極的人在一起，因為他們的負面消極會拉著你的心情一起跌到谷底。

把自己照顧好：如同在習慣 #2 討論過的，好好照顧自己的身體、心理和情緒，這是最值得你花時間做的事情。當我們的需求得到滿足，我們自然地就會更加樂觀積極。這包括獲得充足的睡眠、健康的飲食、規律的運動，還有做自己喜歡的事情。

轉化負面情緒：負面情緒是生活中很自然會存在的一部分。畢竟，總是會有事情出錯，我們會有因此被壓力籠罩的時候，這無可避免。但是，我們有可以駕馭它的方法。當負面的念頭出現

時，試著質疑並以較正面的角度轉化它。與其說「我做不到」，你可以改說「我會盡力而為！」，這種成長式的思維，能夠幫助我們更積極地面對失敗和挑戰。

抱持感恩的心：花一點時間來對生活中所有美好的事物表示感激（提示：生活中**總會**有一些好事發生）。把注意力集中在讓你覺得感激的事物上，而不是你缺少的。如此可以幫助你把自己的心態從負面轉向正面。例如，或許你不是跑得最快的人，但你從來不需要擔心自己的下一餐在哪裡。

承受經過評估的風險

風險能夠成就千萬富翁。我並不是在說從一架安全飛行中的飛機揹著降落傘跳出去。那是完全不同的另外一種風險！我說的是可以讓你變得更富有或更成功的風險。比方說，投資總是伴隨著風險，然而歷史已經證明，長期投資具備能夠讓人致富的良好紀錄。

經過評估的風險有高於平均的機會能夠獲得回報。有幾種方法可以幫助你決定是否應該承擔某項風險。

舉個例子，假設你想要在你住的城鎮開一家冰淇淋店。雖然街上早已經有一間 Dairy Queen 的連鎖冰淇淋店，但你認為一間由本地人創立的冰淇淋店能夠成功。

確認回報：確認策略的潛在風險和可能的回報。將它們一一列出然後對兩者進行衡量。例如，假設失敗的風險要大於成功的回報，那你的策略可能就過於冒險。

開一家成功的冰淇淋店，其回報是顯而易見的：它可以幫你賺錢（假設你不會把太多自家產品都吃掉！），而且或許還能夠讓你在家鄉建立正面的影響力。你的冰淇淋店可以雇用放學後的高中生來打工，並且把部分收益捐贈給當地的慈善機構。

如果失敗了怎麼辦？你也必須明白失敗的後果。假設結果不如預期，你能不能輕鬆地平衡損益？還是會因此對你的生活、財務狀況、家庭造成嚴重的負面影響？你的生意也無以為繼？還有，如果事情**真的**出了差錯，那最壞的情況會是什麼？

如果冰淇淋店收攤，你會遇到的主要問題就是資金花的一毛不剩，而那可能是一大筆錢。假設你申請了商業貸款來購買相關的設備，然後在商店街租下一間小店面，你將被迫必須盡快找到工作才有錢償還貸款。加上以失敗收場的冰淇淋店，也會讓你在朋友或家人間感到困窘。

尋求建議：很可能已經有人冒過同樣的風險。向專家或是已有經驗的人尋求建議。請他們為你的策略提供想法和意見。

也許你有一個自己創業的朋友或鄰居？或者你也可以結交商店街上其他的老闆，然後請教他們曾經碰過什麼樣的挑戰。

另外也有許多線上資源，提供創業相關的諮詢服務。

制定計畫：與其毫無準備的即興發揮，你應該制定計畫，先評估過相關風險後再決定下一步。考慮任何可能的意外狀況或潛在的阻礙，做好因應對策。

你的冰淇淋店營運企劃書可能會像下面這樣：

莎莉冰淇淋店將在親切溫馨的家庭氛圍中，提供您口味多樣的高品質冰淇淋和各種配料。我們專注於讓顧客感受無與倫比的服務和其他地方看不到的獨特體驗，比方免費試吃和假日及每年商店街市集活動期間定期的折扣優惠等。我們的目標是成為本地冰淇淋愛好者心目中的第一品牌。

冰淇淋產業近幾年來一直持續穩定地發展，而且對本地自產傳統手工製作的高品質冰淇淋之需求也不斷成長。我們的目標消費族群包括孩童、年輕人以及觀光客。我們將在人潮密集的熱鬧地段設店，讓我們可以很容易地接觸到我們的目標消費族群。我們的營業時間從早上 11 點到晚上 8 點，夏季期間則延長營業到晚上 10 點。

預計的開業成本約為 12 萬美元，其中包括設備、房租、庫存以及員工薪水的支出。第一年預計的收入為 25 萬美元，淨利為 5 萬美元。我們會將 80% 的利潤再投資用於行銷和擴大產品線。

監控你的進展：密切地注意你的決策結果。越快發現潛在的問題就越容易進行調整，以避免更大的問題甚至失敗。

密切地留意冰淇淋店的財務狀況，可以確保其維持良好的業績。例如，假設你的顧客比平常晚上門，那你也許可以考慮在夏天的時候把打烊時間再延後到晚上 11 點。又或者，假設冰淇淋的儲存成本比預期要來的高，那你可能就必須考慮提高售價或是降低員工的工作時數來彌補額外的成本支出。

請保持主動

千萬富翁不會只是等著讓事情發生。相反的,他們會想辦法讓事情發生,也就是在生活中的各個層面主動出擊。保持主動能夠賦予你主導權,不當乘客而是當一名司機,完全地掌控自己的職涯和生活。

信不信由你,主動是可以也必須透過練習來取得的一種技能。對絕大多數人(包括我自己)來說,主動出擊似乎令人膽怯甚至恐懼。但只要我們越常主動,那就會越來越容易做到。

當你保持主動,你就有更高的機會可以發現潛在的問題,並且在它們真的發生或變嚴重前就想出因應對策。這能夠幫助你培養強大的解決問題能力,在面對挑戰時更有韌性。而且相信我,那些能夠在問題發生以前就先預見並提出解決方案的員工,通常都會得到老闆快速的升遷。

比方說,如果你確定自己薪資過低,那麼為自己要求加薪(或是換一個工作)就是保持主動的一個好範例,而不只是希望哪天老闆會突然自動幫你加薪。我們在習慣 #3 這一章已經討論過相關的策略,而千萬富翁會定期地審視自己的薪水是否趕得上通貨膨脹。

下面列出的是其他一些保持主動的例子(我們在這本書的其他章節也會經常進行這些討論,因為它們都是千萬富翁所抱持的習慣!):

規律地運動:維持健康強韌能夠增加活力和自信。讓運動成為你每天的例行事務之一,而不是有時間才做的事情。

寫下一天的待辦事項清單：每天（或前一天晚上）都寫下待辦事項清單，讓你每天醒來都有一份行動準則做為依據，能夠準確無誤地展開你一天的工作。

持續地進行自我心理審視：你覺得快樂而且有所收穫嗎？你的人際關係或感情生活順利嗎？你從事的職業適合你嗎？經常性地進行自我審視，並且誠實地面對自我！

成為第一個在辦公室出現的人：我每天總是第一個出現在辦公室的人，這讓一切情況變得不同。我在早上 10 點前完成的工作，比大部分同事一整天做的事情還要多。

自願承擔額外的責任：主動要求更多工作是獲得加薪和升遷絕佳的方法。這代表你認真勤奮、做事效率高並且樂在工作，而這會帶給你更多收入！

提出問題而非自以為是：成功的人在需要的時候會提出問題請求幫助，而不是還沒弄清楚工作內容和要求就自己蠻幹，結果出錯後不得不全都重新再來。

保持開放的心胸

在我人生的某個時刻，我堅信要成為一名好的管理者，你必須是個不輕易妥協的硬漢。要像一名教官，讓你的員工都有點怕你，順我者昌，逆我者亡。

很慶幸地，如今我已經不再抱持這種愚蠢的想法，因為之後我的心胸變得足夠開放，能夠觀察到部分自己曾經為其效力過的最優秀的管理者都魅力十足討人喜歡，而且臉上總帶著微笑。他

們會傾聽我的聲音，並且重視我的意見和提議。我想要一直為這類型的人工作，而不是一個整天兩眼一直盯著我一舉一動的教官。有誰會想要呢？

保持開放的心胸意思是你必須接受一項事實，就是你的信念、感覺還有經驗，也許沒辦法告訴你生活的全貌。畢竟，現實是流動多變的。對一個人有效的事物，對另一個人就未必如此。促使一個人格外努力工作的動機，可能和另一個也同樣努力工作的人所擁有的動機並不相同。

舉例來說，我之所以努力工作一直都是因為金錢。我越努力工作就越有機會得到加薪和升遷，而這能夠幫助我實現成為千萬富翁的目標。但我也曾經和那些比較希望有更多休假、可以在禮拜五提早下班，或是能夠擁有更多健康福利待遇的人共事過。每個人擁有的動機都不一樣。

但這完全不是問題。畢竟，如果每個人想要的東西都一樣，那這個世界就會無聊透頂。擁有差異是好事。如果我們對彼此的差異保持更加開放的心胸，那與人往來或共事就會更加順暢。我們也會因此而變得更為富有。

而心胸開放的人具有哪些特質？

- 他們不會總是認為自己對的。
- 他們具有能夠察覺他人感受的同理心。
- 他們樂於接受自己的見解遭到挑戰。
- 他們希望能夠聽到他人的想法和反饋。
- 他們明白自己的經驗沒辦法成為應對一切事物的準則。

但我並不是在跟你說，去把你的同事或朋友都召集起來，講述彼此私密且讓人心裡發毛的故事，然後大家手牽手圍著一團營火一起高歌《歡聚一堂》（Kumbaya）。我當然不是要你去做這種奇怪的事情。

我的意思是，保持開放的心胸，可以讓他人尊敬你並以誠相待。畢竟在職場上，沒有人會尊敬一名教官，會受到尊重的是關心員工，並積極尋求員工意見的管理者。人們會願意為這樣的管理者付出一切。

將成功具像化

你是否曾經對自己真的很想要的某個東西說過這樣的話，比方：「我真的超想開那輛車，我甚至都可以看到自己握著方向盤的樣子！」

信不信由你，進行這種想像也是千萬富翁的習慣之一。你可以看見自己開著那輛車，風吹過你的頭髮。順暢的引擎低鳴、踩下油門後排氣管的嘶吼，還有加速時的扭力讓身體在座椅上往後靠的貼背感。你完全了解那是怎麼一回事，因為你是如此地渴望擁有它，所以能夠進行身歷其境般的想像並感受。

要把自己的成功具像化，你必須明確地了解以下 2 點：

1. 你對成功的定義是什麼

每個人對成功的定義都不同。我對成功的定義是可以辭去工作，然後跟我太太還有兩隻狗狗一起去環遊全美國。這也許就和你對成功的定義不一樣（而且是大大的不同！）。

　　你對成功的定義是什麼？或者換句話說，你必須達成什麼目標，才會對自己說出「我終於做到了」這句話？這對大多數的人來說都是一個很難回答的問題，所以如果你現在還沒有答案，沒關係。你不需要立刻就想出一個。但這是你必須思考的問題，對你來說，什麼叫做成功。

　　例如，也許成功對你代表開展一項每年能夠賺取數十萬美元收入的事業。或者，你希望辭掉工作，這樣小孩每天放學後你都可以在家陪伴他們。又或許成功對你代表存下了足夠的錢，可以辭職然後搬到斐濟，在海邊開一家咖啡館。

2. 明白它會為你帶來什麼樣的感受

　　為什麼你對成功的定義是如此？一旦達成那它會為你帶來什麼樣的感受？你必須挖掘出什麼是你生活的動力。

　　對我跟我太太兩個人而言，追求自由就是我們的動力。可以自由地去旅行，隨時都可以去任何我們想去的地方，不用擔心錢的問題。這種追求對生活中大大小小的事都擁有完全自主決定的能力，就是驅使我們努力工作的動力，驅使我們快速地賺取盡可能多的財富，然後我們就可以辭掉工作，展開下一段的旅行和冒險生活。

　　如果你想要自己創業，那是為了什麼？為什麼你會想要搬到斐濟？為什麼你想要變得富有？同樣的，這個問題對許多人來說都很難回答，但只要知道答案，那麼它就可以幫助你將自己對成功的定義和背後的根本原因連結起來。而了解自己為何如此定義成功背後的根本原因，能夠幫助你維持動力並專注在實現成功

上。閉上眼睛，想像自己已經達成目標的情景。

你人在哪裡？在某個海灘上？還是在一座繁華的城市？也許你正坐擁某鄉間的某塊幾英畝的土地，方圓數英里內不見人跡。又或許你正揹著背包在一個遙遠的地方旅行。

接著，請你問自己一個簡單的問題：你為什麼會因此而感到快樂？

努力工作

沒有什麼方法可以像努力工作一樣，能讓現金像變魔術般出現在你的錢包裡。你一定聽過人們談論減少工作但還是可以賺錢的秘訣和策略，但對千萬富翁而言，努力工作是古老且永遠不會過時的金律。到今天它仍然有效，而且還會一直有效。

要賺錢就是要努力工作。它可以讓你獲得想要的升遷和應得的加薪。但努力工作的好處還不只如此。

它還能夠在下面幾點上幫助你：

實現你的目標：努力工作是實現目標的前提。不論是要獲得升遷、開展自己的事業，還是學習一項新技能，努力工作都會幫助你朝著理想的結果邁進。

培養自律能力：努力工作能夠幫助你培養自律能力，這是想要在生活中任何領域獲取成功必備的一項特質。自律可以幫助你保持專注、維持動力，堅定地為達成目標而努力。

提升你的技能：努力工作可以讓你學習並培養自己的技能，在任何領域精通地掌握專業知識。這能夠讓你在雇主或客戶面前

變得更有價值，進而大幅地增加你賺取高薪的潛力。

提高你的自信：因為努力工作而完成艱鉅的任務，可以幫助你提高你的自信，讓你更自在且樂觀地繼續面對下一個挑戰。所以努力工作會讓你的自信心像滾雪球一樣越滾越大。

贏得尊敬：努力工作往往可以獲得他人的認可和尊敬。當你付出努力並取得成果時，人們通常都會敬佩並讚賞你的奉獻和毅力。即使有些人可能不會特別對你說什麼，但他們也會注意到你的努力。

感到充實：努力工作將會帶給你一種滿足和充實感，你會清楚地了解，自己為了實現目標做出了努力。這有助於提升你整體的幸福感受。在努力工作完成了一項任務後，我們都會覺得自己變成了一個更好的人。

建立優質的人脈

你可能聽過一句話，「你的人脈就等於你擁有的淨資產」。這句話的意思是你和他人建立的關係（包括私人和職務上的），其具備的價值對你整體的成功和財務健康狀況非常重要。

換句話說，你認識的人和建立的關係，就跟銀行裡的錢一樣寶貴。建立並維持一個強大的人脈，可以帶來新的機會、商業夥伴關係，以及其他能夠幫助你實現目標，並取得更大成功的寶貴人脈。

我不想特別在此旁徵博引，但哈佛大學社會心理學家大衛‧麥克利蘭（David McClelland）博士剛好就同意上述論點。他曾

說過,你習慣性往來的人,95% 決定了你的人生會成功或失敗。而千萬富翁都了解這句話有多真實。

如果你和那些熱衷健身並專注於健康的人來往,那你很可能也會變得跟他們一樣。相反的,如果你和那些一有機會就吞雲吐霧或是喝得爛醉的人混在一起,那你很可能也會跟跟蹌蹌地步上同樣的一條路。

當我談到你必須提升自己周圍往來人士的素質時,最常遇到的問題是:「我要怎麼找到這些人?」這是個好問題。信不信由你,這些人當中有很多已經存在我們的生活中,雖然我們可能並沒有意識到。我們有自己當下的朋友圈,所以很容易就會忽略其他人。你可能會驚訝地發現這樣的人際往來機會就在自己眼前,只是你沒有花時間留意而已(我就是如此!)。

下面列出的是一些可以幫助你建立高素質人脈的方法:

出席人際交流活動:出席業界的活動、研討會和大型會議。這些活動是結識同業新朋友、向專家及業界領導者學習,以及了解最新趨勢並取得最新資訊的大好機會。

加入專業協會:加入業界的專業協會,是結識志同道合之士、擴展你的知識與技能,並和志趣相投者建立關係的絕佳管道。

使用社群媒體:像是 LinkedIn、Twitter 和 Instagram 這樣的社群媒體平台,是用來和其他業界人士建立關係絕佳的工具。我自己就花了很多時間在 Twitter 上,並且因此認識了不少令人讚嘆的成功人士。包括億萬富翁,NBA 球隊達拉斯獨行俠的老闆馬克・庫班(Mark Cuban)、職業運動員、成功的企業家,還有

無數在現實生活中，可能永遠也不會跟我有交集的人。

做志工或參加社團：為慈善機構擔任志工，或是參加和自己興趣相符的社團，這可能是結交新朋友、建立新關係並為你的社區做出貢獻一舉數得的好方法。在這章稍後我們會進一步聊聊志工服務相關的細節。

建立關係：建立穩固的關係需要時間和努力。要和你人脈中的人們保持聯繫，你可以發一則簡短的訊息或是寫一封電子郵件，來了解彼此的近況；如果對方有什麼事情需要幫忙而自己可以做得到，那就不吝地伸出援手。我喜歡每個月固定和我人脈中的某個人聯繫一次，聊聊彼此的工作狀況，如果對方有什麼問題就看看自己可以怎麼提供幫助。

跳出你的舒適圈

舒適圈是讓夢想消逝的地方。這句話說得直接且殘酷，但請你思考一下什麼是舒適圈，還有為什麼它沒辦法幫助你實現你的目標。

要實現目標是一項艱難的工作，它並不會讓你覺得舒適。想要成功通常意味著你必須要去做會讓自己覺得不自在甚至感到不安的事情，例如在一大群人面前演講、或是為了完成一項大型專案一個月加班超過 50 小時。想要成功你就必須面對這些會讓你覺得不舒服的事情，這並不是什麼大問題。而且其實這是好事，因為克服挑戰可以讓我們變得更為強大。大多數的人並不會在自己的舒適圈中取得什麼驚人的成就。

下面的方法可以幫助你跨出自己的舒適圈：

嘗試新事物：不論是嘗試一項新的愛好或是學習一項新的技能，嘗試新事物會是讓你挑戰自我，跨出舒適圈的絕佳方法。挑一項你一直都很感興趣，但從未真正嘗試的活動，然後投入其中。例如，你想要建造一座花園？那這個週末就開始吧！規劃設計好你的種植箱擺放位置後，就把手伸進泥土裡播下種子。

到一個陌生的地方旅行：探索一個新的地點是開闊視野和體驗新事物的絕佳方式。那些從來不曾踏出家鄉外一步的人總是令我感到驚訝，因為美國這麼大有太多值得前去造訪的地方。就挑一個你沒有去過的地方旅行，不管是一個國家或只是附近的一座城鎮。到不同的國家旅行，也是了解世界上不同人生活方式很棒的方法。

進行一項新的挑戰：接受一項你從來沒有從事過的新活動或任務來挑戰自我。它可能只是單純地去學習一種新的烹飪方法，或是去跑馬拉松這樣具挑戰性的活動。為自己設下一個目標和完成它的時間。自我挑戰可以充滿樂趣，尤其是在一定能夠達成的情況下。

結識新朋友：認識新朋友並進行社交活動是跨出舒適圈的好方法。出席社交活動或加入一個新團體還是社團，可以認識新朋友並擴大你的社交圈。幾年前我在我的家鄉就加入了一個洞穴社團，那對我來說是非常有意義的經驗，直到今天我和許多在社團裡認識的人都還是朋友。

對新的機會說好：我們已經很詳細地討論過這一點，但因為

它是如此重要所以必須再強調一次。當新的機會出現，即便它讓你感到害怕，你也應該說「好」。它可能是一個工作機會、一次新的冒險，或是一次嘗試新事物的邀請。

面對你的恐懼：找出你恐懼的事物，然後努力克服它們。不論是在公眾面前演講、懼高還是怕蜘蛛，面對你恐懼的事物會是幫助你踏出舒適圈重要的一步。只要戰勝自己的恐懼，我們通常就可以了解其實沒有什麼東西好害怕。

改變你習慣的生活方式：藉由嘗試新事物或不同的做事方法來改變你的日常生活。例如你可以選擇不同的上班路線、早餐嘗試沒吃過的食物，或是改變你的健身菜單。當然，這可能也包括換工作或是搬遷到另一個城市。比方我每 3～4 年就會換一次工作，因為我喜歡改變自己習慣的生活方式。這不但讓我的技能不斷提升，而且薪水也持續增加。

從事志工服務

為自己關心的事務從事志工服務，是許多千萬富翁都會做的事情。事實上有將近 4 分之 3（72%）的千萬富翁表示，自己一個月至少有 5 個小時會在當地的非營利組織擔任志工[1]。做志工不僅是幫助本地社區絕佳的方式，也是認識更多陌生人，持續擴大你的朋友和伙伴人際網絡有效的方法。

---

1. Corley, T. "10 Common Millionaire Habits." Acorns (2022).

想要從事志工服務但不清楚可以從哪裡開始？下面提供幾個例子給你參考：

在動物收容所服務：在動物收容所幫忙遛狗、清理籠子、餵食或是協助處理行政事務。

為學生提供教學或輔導：抽出你的時間，在當地的學校或是社區中心，為那些在課業上需要額外協助的孩子們提供教學或是輔導。

從事社區清潔服務：參加當地的社區清潔服務活動，幫忙清除街道、公園和其他公共場所的垃圾和廢棄物。許多城市都需要這類人力！

在當地的醫院或療養院擔任志工：到醫院或療養院提供幫助，花時間陪伴病人、為他們朗讀文章，或是協助進行一些創意性的活動。

在慈善機構或食物銀行為弱勢民眾提供膳食服務：在慈善機構或食物銀行幫忙提供膳食服務，或是協助將各界捐贈的食物進行分類和分裝。

有很多不同的方式可以讓你奉獻自己的時間來回饋社會。如果你沒有足夠的時間，那可以考慮捐款給像是紅十字會、救世軍、仁人家園、聖猶達兒童研究醫院、無國界醫生組織或是喜願基金會這類的慈善機構來做出貢獻。

付諸行動

如何改變你的運氣

馬上開始行動。 要改變你的運氣只有一個步驟，就是從沙發中起身開始行動。運用這一章的一些例子，採取一種「更幸運」的生活方式。

我最喜歡的技巧之一是建立關係。雖然這對我來說絕對不是容易的事（因為我天生內向），但是我發現只要我認識越多人，就會出現越多機會。透過認識新朋友並擴大社交圈，你就可以讓自己處於能夠接觸更多機會的有利位置，因為你就置身在那些充滿機會的場合中。

光是置身在那些場合就能夠大大地提高你的運氣，這真的是令人感到驚奇而美妙。

習慣 #9
千萬富翁控管自己的開銷

儘管你可能認為千萬富翁本來就不會像喝醉酒的水手那樣不把錢當錢地肆意揮霍。但事實上，大多數的千萬富翁之所以能夠成為千萬富翁，是因為他們運用並結合了 3 項能夠累積財富的主要原則：

1. 將收入最大化；
2. 持續地投資；
3. 管控開銷。

我們已經詳細地討論過第一點和第二點，這一章就要來聊聊第三點 —— 不怎麼有趣但至關重要的一點。我們會聊聊，如何在不會處處感到生活充滿犧牲的情況下來管控你的開銷。

舉個例子，有理財大師告訴你，一杯早晨的咖啡會摧毀你的財富，但我就完全不這麼認為。如果早上來一杯咖啡可以讓你充

滿活力，那你就不需要理會這些「專家」跟你說什麼，就去買一杯賦予你活力的咖啡，這不是問題。

千萬富翁管控開銷的方法，並不是為了省錢所以就算對自己最重要的事物也一毛不拔。相反的，我完全支持你可以在對自己重要的事物上慷慨一些，除此之外就力行簡樸。因為，如果我們允許自己偶爾當個大爺，我們就更有可能控管自己的消費習慣。

所以這一章並不是要你放棄自己喜愛的事物，而是討論如何減少你不需要的支出。

我們就從先從一件 99% 的人都會搞錯的事情開始說起。

你的收入不等於你的財富

假設你一年有 25 萬美元的收入，這聽起來很不錯對吧？你是個有錢人，想要買什麼都能夠負擔得起。休閒娛樂活動的季票？沒問題。一間獨棟的湖畔別墅？OK。每年都換最新的 iPhone？一定要的！

然而不只職業運動明星會落入高收入高消費的陷阱，你的鄰居，或你的鄰居的鄰居，也可能會因為過度消費而發生超支的情形，因為他們都相信自己能夠負擔得起。

我曾經和許多這樣的人共事過。他們享有高薪，然後把大部分的錢都花在車子、度假別墅還有所有最新潮的流行小玩意上。所以，他們非常害怕失去自己的工作，因為他們的生活方式不僅

迫使他們必須工作，而且還必須從事高壓高薪的工作才能支應自己的開銷。

讓我們來做一點簡單的算術。假設你一年的收入是 25 萬美元，然後一年的開銷是 20 萬美元，那你一年就只剩下 5 萬美元能夠用來進行儲蓄和投資。

雖然 5 萬美元總比一毛不剩要好，但它只是你一年收入的一小部分，未必能讓你免於陷入財務困境。只需要一次失業或一筆預期外的緊急醫療費用，就有可能會讓你失去所有的一切或是陷入無底的債務深淵。

千萬富翁深深地了解下面兩句話：

可以賺取高薪並不代表你就是個有錢人。

擁有足夠的錢並不代表你可以負擔所有的一切。

如果聰明地管理你的財務，那麼賺取高薪可以增加你成為有錢人的機會。然而，並不是薪水高就能夠自動累積財富。你必須對支出項目深思熟慮且精打細算。高薪很棒，但也只是累積財富的起點。

管控開銷的 5 大步驟

還沒把書闔上嗎？很好，因為這裡就是讓一切開始步入正軌的起點。對大多數人而言，控制開銷並不是容易的事情。

步驟 1：確認你所有的開銷

　　我再怎麼強調這個步驟的重要性都不為過：如果你不清楚自己的錢都花在什麼地方，那你就不可能控管自己的花錢習慣。許多人都有這種情況，在我決定以達到財務自由為優先目標之前也是如此。不騙你，這個步驟有點讓人討厭，但它卻是能夠幫助你改善花錢方式的關鍵要素。

　　就像學騎腳踏車一樣，我們都需要摔倒然後擦傷膝蓋幾次後，才能熟練自在地騎乘。這個階段沒有人喜歡，但卻是必經的過程。

　　下面是你必須採取的行動。

　　首先，檢視過去至少 3 個月的銀行和信用卡對帳單（這應該不會是你喜歡做的事，沒錯吧！但我還是再強調一次你不得不做，而且也只需要做這麼一次！）。把每一筆支出分門別類，這將有助於你找出哪個地方開銷太高跟太低，或是你根本不知道的既存支出。這樣做的目的是把你 1 個月當中每天的花費確切地加總起來。

　　常見的支出類別包括：

- 房租或抵押貸款；
- 交通費（車票或加油費）；
- 食材費（雜貨、咖啡）；
- 公用事業費（電費、瓦斯費）；
- 上餐廳吃飯的費用；

- 儲蓄；
- 保險（車險、醫療險）；
- 個人護理（理髮、按摩）；
- 娛樂（電影、運動、音樂會）；
- 債務償還。

　　每個月 1 次，把每一項支出列入適當的類別。然後在每個類別下各自列入同類型的支出，確認你在該類別的總支出金額。接著以同樣的方法確認第二個月和第三個月的金額。

　　如果你覺得自己數學不好，沒關係，可以使用電子試算表。在每一行最上方欄位鍵入不同的類別，每一列則代表信用卡或銀行對帳單上的一筆支出。

　　讓我們來看看下面這個例子：

單位：美元

房租	食物	上餐廳吃飯	交通費	娛樂
850				
	54.23			
		78.97		
			35.22	
	84.66			
				15.23
				94.32
	133.40			
850	272.29	78.97	35.22	109.55

　　這是一個很簡單的範例，但它說明了如何將每一筆支出記錄下來並進行分類（你的試算表可能會相當長）。在底部則是每項分類支出加總的金額。於是你就能夠快速地一目瞭然，確切地知道你每個月在各項類別的支出是多少。每個月都重複地進行這項程序，這樣你就可以得到每個月各項類別支出的總金額。

　　記住，你的支出類別可能需要比上面的範例更詳細。比方說，你可能會想要記錄在每個孩子身上花了多少錢，而不是全家人總共的開銷（事實上，我會高度建議你盡可能地進行更為詳細的記錄）。

　　你的試算表也許會像下面這樣：

衣服——媽媽	衣服——爸爸	衣服——姊姊	衣服——弟弟

　　有了這些資訊，你也可以確認你的收入在各項類別上的支出比例。

　　根據常見的 50 ／ 30 ／ 20 法則，你應該會把 50% 的收入用在基本的生活需求上，這包括你的租金或抵押貸款、汽車相關開銷、保險、伙食費、各項債務的最低應繳金額等。請注意，去餐廳吃飯並不包含在其中。雖然伙食費是必要支出，但你並非一定得要去餐廳吃飯才活得下去，沒錯吧？但如果是我以前的生活，我的答案也許會是「我需要」！

　　而你 30% 的收入可能都會花在欲求（基本生活需求以外）上。這些欲求項目包括一支新的手錶、運動比賽的門票、度假的

旅費、新的手機、早晨的咖啡等。任何非絕對必要，但無論如何你就是想要的東西都屬於欲求這個類別。這就是你的**娛樂**消費。

最後，你有 20% 的收入做為儲蓄和投資。這包括累積一筆緊急備用金、扣轉一定比例的薪資到你雇主提供資助的 401(k) 帳戶、向 Roth IRA 帳戶的繳款等任何有關儲蓄和投資的項目。請注意，這當中可能也包括超過最低應繳金額的債務償還（因為你至少必須償還最低應繳金額）。

這項資訊非常有用，我們會在步驟 2 詳細討論。

步驟 2：決定減少哪些開銷

現在你已經知道每個月你所有的錢都花在哪裡，接下來是時候必須做出一些嚴肅的決定。如果你發現自己在某些地方的支出超出想像，不必驚訝。當我在進行這個步驟然後發現自己去餐廳吃飯的支出金額時，真的想假裝沒看到，因為數字比我以為的要高得太多。對我而言，去餐廳吃飯是我第一項必須減少的支出。

你的任務就是誠實地檢視自己每個月花了多少錢，並決定可以在哪些地方減少支出。可以的話請和你的家人一起做出決定。最少也要和你的配偶達成協議，確定每個人都站在同一陣線上。

但這並不是要你進行批判。假設你一個月花 1,000 美元去餐廳吃飯，請不要對自己（或是對其他人）感到惱怒。你必須做的是決定你能夠降低多少這項支出。你不必完全砍掉這筆開銷，只要每個禮拜偶爾多幾個晚上在家自己料理就可以。這個步驟的目的是降低而不是完全排除。

下面讓我們來看看，這個步驟可能會如何發揮效用的一些範例。

範例 1 假設你上個月花了 500 美元幫女兒買衣服，這金額看起來有點高。但是你已經超過 2 個月沒有在這項支出上花過一毛錢。這個例子顯示，一次性的消費沒有辦法準確地反映出你每個月在某項需求上的開銷。就這個案例而言，記錄每月此項花費最好的方法，就是算出你一整年為女兒添購衣物的總支出金額，然後除以 12，就可以得到每個月的平均支出。

比方說，假設你一年總共花 600 美元幫女兒買衣服，那平均 1 個月的支出就是 50 美元（600÷12）。這樣比較能夠用來判斷在這項需求上一個月花 50 美元是太多還是差不多合理的金額。

範例 2 你 1 個月的汽車加油費是 400 多美元（美國人平均 1 年的加油費大概是 200 美元）。你花了一點時間想了一下家人的用車情形，然後很快就發現你幾乎每天都開車去雜貨店，只為了幫晚餐採買一、兩項食材。為了降低加油費支出，於是你詳細地列出所有需要採買的項目清單進行一次性採買，而不是這個忘了再跑一趟、那個忘了又要跑一趟。

範例 3 你冬天的暖氣費特別高。在冬天幾個月期間的暖氣費較高很正常，但也不應該讓你的荷包大失血。為了降低這項支出，你決定將窗戶重新進行密封、確認所有的門戶都有經常關好，並且在晚上把暖氣溫度調到華氏 62 度，在聖誕假期回奶奶家時再調低到 40 度。你也決定升級家中的管道來改善空氣流動效率，雖然這馬上就會需要一筆支出，但之後不論是冬天還是夏天，每

個月都可以幫你省錢。

這裡我要再強調一次，請記住，這不是你發脾氣或進行批判的時候。找出你生活中開銷過度的地方才是這項步驟的重點。你很有機會可以發現自己開銷過度的支出類別，這是好事！

因為先確認那些開銷過度的支出類別，才有辦法開始會減少開銷。

步驟 3：建立消費計畫

建立 1 個月的消費計畫，是讓你自己知道每個月可以在每項支出類別上花多少錢的好方法。如果你把每個月的消費計畫跟我們在習慣 #4 這一章討論過的「先付錢給自己」原則結合起來，那麼你就能夠累積更多的財富，而不是只能每個月都任其自然的儲蓄。

就像我們在習慣 #4 已經討論過的，「先付錢給自己」原則的假設是，我們把錢優先且充分地用於儲蓄和投資以及支付帳單。而這項原則的美妙之處在於，只要滿足上述這些項目之後，那剩下的錢就你可以完全自由地使用。

你的消費計畫會包括 3 種類型的主要開銷（我們會讓這 3 種類型支出符合 50 ／ 30 ／ 20 原則）。請注意，你先前列出的所有開銷，都會符合這 3 種每個月的主要支出類型其中之一：

● **必要開銷**（50%）：必要性的支出，例如你的抵押貸款或房租、最低債務還款金額、家庭公用事業費、食材雜貨費等。你

必須優先支付這些費用來養家活口,如果拖欠還款還會產生額外的費用和罰金。要降低這類開銷,你必須確定哪些是對家庭最為重要的支出,然後再減少其他開銷。

● **投資和儲蓄**(20%):就像在習慣 #6 這一章討論過投資是可以讓人成為千萬富翁的方法一樣。常見的投資包括勞工自提的 401(k) 帳戶和 Roth IRA 個人退休帳戶、證券帳戶、股票、債券、ETF、REITs 以及加密貨幣。儲蓄目標則包括度假旅遊基金、小孩的大學教育基金、房屋頭期款、甚至是一艘新的遊艇等。當中也包含存下可用 3 ～ 6 個月的緊急備用金,能夠讓你支應非預期的大筆支出,以免陷入信用卡債務困境。

● **自由運用的資金**(30%):扣除前兩項支出後的所有開銷,像是有線電視費、星巴克咖啡、湖人隊的賽季季票、每個禮拜帶小孩去吃冰淇淋、上餐廳吃飯、做美甲等。也就是讓你享受生活樂趣的消費!

如果你採用「先付錢給自己」原則(現在你應該已經知道我非常推崇它!),你的必要開銷、儲蓄以及投資目標就會優先被滿足。記住,在步驟 2 你已經決定要刪減哪些類別的支出。為了避免意外地發生超支情形,持續地記錄你的消費至關重要(在步驟 4 會進一步討論)。但現在我們先假設你每個月的帳單繳付、投資還有儲蓄目標都已經達成。

只要付了帳單,儲蓄和投資也都完成了,那剩下的資金就是我們可以做出決定,不帶批判地自由使用的資金(也就是樂趣所

在之處！）。如同我們在步驟 1 所討論的，這類我們能夠自由使用的資金最高可以占到你 30% 的收入。

步驟 4：記錄你的消費

現在，你的心裡已經有了依據。你知道你 1 個月的支出總共是多少。最重要的是，你很清楚錢都花在哪裡。這已經讓你超越了大概 90% 的人。恭喜你！

但你的任務還沒完成（雖然最困難的部分已經搞定！）。抱歉的是，這個步驟沒有辦法像那些自動化的投資方法「設定好就可以忘了它」。在這個步驟，主動的方法永遠都可以打敗被動。

為了遵守消費計畫，你必須記錄每個月的消費，以確保自己的開銷沒有超支。每個月把步驟 1 中每項支出類別的每一筆開銷加總起來。

如果你發現自己超支了，那就開始削減開銷。或者，你發現你必須在某項類別支出更多，那就在消費計畫中提高該項支出，這也無可厚非。總之，請誠實地面對自己，確定任何額外的支出是真正有需要，而不只是想要。

如果你覺得這樣的記錄工作太瑣碎惱人，沒關係，有很多工具可以幫助你記錄你的消費，你不需要自己翻找帳單還要把一堆數字加總起來。雖然這些工具並非全部都是免費的，但它們可以讓你直觀地檢視每月開銷，再加上省下自行整理的時間，比起每個月所需的費用要划算的多。

下面推薦我喜歡使用的 2 項工具應用程式：

Mint：Mint 是目前最受歡迎的預算規劃應用程式之一（免費），它可以幫助你記錄你每個月的消費、讓你直觀地檢視你的現金流（資金的轉入與轉出）。Mint 是由一間歷史悠久，名為 Intuit 的財務服務公司所提供。

You Need A Budget：這個應用程式的介面俐落又好用，是幫助你記錄每個月開銷很好的選擇。把這個 App 和你使用的金融機構連結起來（比方銀行和信用卡公司），剩下的就交給它。這個應用程式也可以幫助你記錄你的儲蓄目標（例如去大溪地度假的旅遊基金、一張舒適的壁床）。但這項 App 需要在應用程式內付費才能使用更多功能。

注意：記錄消費的另一個好處是可以及時地發現信用卡或銀行對帳單上的詐騙或錯誤收費。大部分的信用卡公司都提供客戶在 60 天內對消費提出爭議訴求的權益，而記錄消費可以確保你能夠及時發現並更正任何帳單上的錯誤，避免發生來不及討回款項的情形。

步驟 5：設定財務目標

最後一個步驟（其實任何時候都可以）是設定你的財務目標，讓自己有存錢的理由。對大多數人來說，只「為了退休」存錢並不足以成為一個目標。最好的目標必須是具體而且能夠達成的。

舉例來說，如果你沒有一筆緊急備用金，那它就應該成為你首要的財務目標。建立你的緊急備用金就是你第一優先必須達成的目標！利用自動化的力量幫助你把資金轉入一個獨立的儲蓄帳

戶，開始累積你的緊急備用金。

如果你有債務在身（尤其是高利率的信用卡債務），也許你的目標會變成還清債務（如果你有抵押貸款請先排除不計）。我會在習慣 #10 這一章詳細說明如何達成這個目標。

但我先假設你的財務狀況良好，沒有債務。那麼除了存下至少 3 個月的緊急備用金以外，你還可以設定什麼財務目標？

下面列出一些例子：

- 在 45 歲時擁有 50 萬美元的淨資產；
- 新房屋的頭期款；
- 小孩的大學教育基金；
- 和家人一起去巴哈馬度假的旅遊基金；
- 在 50 歲時辭職，開創園藝事業。

給自己一個儲蓄的理由，可以讓你更加堅持地遵循新的消費計畫。而這些財務目標就是你儲蓄的理由。

小氣和節儉的差異

這一章討論的全部都是存錢，但這不代表你就必須一直買最便宜的東西。事實上，買最便宜的商品最後常常會讓你花更多錢。而這就是小氣和節儉兩者之間的差異。

你想要節儉，但你不需要變得小氣。

讓我舉一個例子來說明兩者的差異。

假設你想要買一雙新鞋。因為你每天都需要經常性地站立，所以你希望你的鞋子耐穿經久。你喜歡現在穿的這雙鞋子，雖然它陪了你好幾年，但也花了你 150 美元並不算便宜。於是你心想，與其再花那麼多錢，這次不如買比較便宜一雙只要 85 美元的就好了。

在付錢購買的當下你的心情很好，因為你選擇一雙比較便宜的鞋子而省下了 65 美元。然而，結果這雙鞋子你只穿了一年就鞋底開花。

於是你硬著頭皮，決定再買那一雙 150 美元的鞋子，因為你已經了解，買一雙比較便宜但不耐穿的鞋子，事實上是更昂貴的選擇，因為最終它會讓你花得更多。

我們再看看另外一個例子。比方你計畫和幾個朋友一起去度假，然後訂了最便宜的住宿，至於位置地點、環境設施還是清潔與否都不考慮。你堅持分攤每一筆開銷，一毛錢都不能多花，包括用餐、交通以及任何活動行程。你盡一切可能地想方設法避免多花錢，就算會對自己或朋友造成不便也不在乎。你在各方面都做出最便宜和最陽春的選擇，因此影響了度假的舒適度和樂趣，這樣就叫做小氣。

而一個節儉的人可能會搜尋並比較不同的住宿選擇，考慮許多因素，例如位置地點、安全性、環境設施還有評價。他會尋找優惠和折扣或是忠實顧客方案來取得最佳的性價比。他會和朋友討論並安排預算，同意公平地分攤旅費。他也會有計畫地安排

用餐，選擇經濟實惠且美味可口的當地餐廳，甚至有幾餐自行料理。他會優先選擇值得花錢的體驗，然後在當地尋找免費或是價格合理的活動和景點。

撿便宜代表一心只想花最少的錢，即使犧牲品質、舒適和樂趣，購買劣質的商品或服務也無所謂。但如果你是一個節儉的人，那麼你會了解購買品質較高的商品，最終很可能可以幫你省錢，而且更能享受商品帶來的樂趣。這也是你花錢的初衷，不是嗎？

你不需要因為只想撿便宜，而剝奪自己能夠享受的樂趣。

然而，有許多不必花大錢一樣可以玩得開心的方法。喜歡逛博物館？有些博物館不時會舉辦免費或低價門票的宣傳促銷活動。與其花數百美元去買一場音樂會的門票，不如考慮去當地的公園或露天劇場欣賞免費的音樂會。你可能會很驚訝地發現，原來有這麼多的免費（或低消費）娛樂，尤其是如果你願意避開假日或週末這些較少舉辦促銷和特價活動的時段。

72小時法則

以下敘述的情境或許你聽起來會覺得很熟悉：你想要買某項新玩意，比方一個新的手機無線充電器、一台大尺寸的電視，或是一件新的廚房器具。於是你打開亞馬遜網站，搜尋你想要的目標然後按下購買和結帳鍵，輕鬆搞定！

但不管你買的是什麼，結果送來以後它可能只是一直躺在

箱子裡，你也忘了拆封，因為其實你現在還不需要或根本就不需要。又或者你只用了一次，就讓它躺在你的衣櫃還是車庫裡。

這種情況我們大多數人都很熟悉，而且亞馬遜也知道。因為亞馬遜讓網路購物變得太容易了，容易到你沒時間再想想自己是不是真的需要就按下了付款鈕。所以花錢網購真是太容易了，想要什麼都可以立刻買到。

控制網路購物的一個簡單方法就是採用 72 小時法則。

在直接購買並按下付款鍵之前，先暫時把你想買的東西放在購物車裡就好。然後大概在 3 天（或是 72 小時）後，再回到購物車確認你是不是真的還想要買它。如果你還是買下了它，那代表它可能真的值得你花錢。但你可能會更驚訝地發現自己常常就此改變主意，或是明白自己根本不需要它。

對我們絕大部分的人來說，這是簡單就能夠做出的改變。它只需要我們在買任何東西以前多等幾天，讓自己有時間思考是不是真有需要。

付諸行動

你需要做的事情如下

步驟 1 開始執行管控開銷的 5 大步驟。開始認真地了解你的收入每個月都花到哪去了，因為後續的每個步驟都需要這項資訊。無須批判不必爭執，用法律上的術語來說這是「證據開示」的階段。你正在累積資訊（證據），並在往後利用它們對

你的資金做出更好的運用決策。

步驟 2 執行 72 小時法則。在網路上買任何東西之前,先把它放在購物車中 72 小時。如果 3 天後你還是想買再買。

步驟 3 堅持下去。想要改善你的購物習慣,關鍵就是堅持遵守上述的原則。這就像一項新的節食計畫,如果你只嘗試了 1 個月就完全放棄,那你就看不到你的財務健康有任何驚天動地(好的方面)的改變,只能回頭繼續你原本的花錢方式。遺憾的是,許多人都是如此。

想要堅持下去最好的方法之一,就是讓配偶也一起參與這項過程。有了另一個人加入你就會產生責任感。

「親愛的,你真的覺得我們應該買這個嗎?它不在我們的支出預算中喔。」

我知道這聽起來令人惱怒,但如果你想要徹底地執行新的消費方式,那這是促使你對自己保持誠實很重要的一部分。

習慣 #10
千萬富翁遠離「不良的」債務

債務就好像直接往你車子的油箱裡扔沙子，你的車子應該還是能跑個幾英里，但不可能讓你抵達 10 英里外去接你剛結束足球隊練習的小孩回家。

就讓我來跟你說一個故事。

從前，有個名叫山姆的人。他擁有一份穩定的工作，努力勤奮並享受自己的生活。有一天，山姆想要買一輛新車，一輛全新的凱迪拉克。理所當然，山姆認為他值得擁有那輛車。然而，山姆沒有足夠的現金一次付清買下，所以他決定貸款來買那輛車。

這沒什麼好大驚小怪，對吧？大家都會用貸款買車，所以這對山姆應該也不是什麼問題。

起初，山姆對這輛車感到相當滿意。他腦海中浮現出自己開著這輛全新凱迪拉克四處兜風的畫面。他認為自己有能力負擔每個月的貸款，所以對買下一輛昂貴的新車也覺得放心。

但隨著時間過去，事情開始有點不同。

山姆的其他支出開始不斷累積，他發現自己難以支付帳單。因為他喜歡這種不需要現金就可以擁有自己想要的東西的花錢方式，而汽車貸款讓他的胃口大開。於是，他的信用卡消費金額越來越高。他每個月都只繳每張卡的最低應繳金額，剩下的欠款就逐月拖欠。

雖然他知道那些利息正讓他的欠款不斷往上增加，但他不在乎。因為他的生活優渥充滿樂趣，而且自己工作也勤奮努力，沒有什麼好擔心。

但很快的，山姆就變成了入不敷出的月光族。他的信用評分開始下降，催款電話接不停。財務壓力也開始影響到他的人際關係和健康。

山姆意識到，他因為汽車貸款和信用卡消費而欠下的債務，已經成為他無法擺脫的重擔。他為自己貸款買車感到後悔，心想如果當初自己有一筆存款當做購車基金，買的也是沒那麼貴的車就好了。但如今，他就困在一輛自己根本無法負擔的凱迪拉克裡，財務前景混沌不明。

山姆的故事為我們上的一課是，如果不夠小心，債務很快就會變成你難以逃脫的陷阱。

貸款或使用信用卡看起來是擁有想要的東西的簡單方法，但日後可能必須付出昂貴的代價。所以重要的是你必須留意自己的開銷，避免欠下超出自己還款能力的債務。

而更糟的是，債務不僅是金錢上的麻煩，它還會造成人際關

係間的摩擦。根據盟友金融（Ally Financial）公司的一項研究調查發現，造成感情關係緊張的因素中，有36%是因為金錢問題[1]。債務會導致感情關係的困境。

兩種類型的債務

信不信由你，債務也有好的，但這並不代表你現在身上的債務就一定是好的。

好的債務和壞的債務兩者的區別在於，它是對你的未來進行的投資，還是會讓你賠錢的負債。好的債務能夠幫助你更快地實現你的財務目標，比方擁有一間房子、有資金求學或是開展一門事業。

壞的債務則是不具備任何長期利益的債務，而且實際上會損害你的財務狀況。

大部分的消費性債務（你我都有的債務類型）都是壞的債務。

不良的債務就是索取高利息的債務，它會摧毀我們累積財富的潛能。信用卡債務就是最好的例子。另一個你必須盡一切力量避免的不良債務則是發薪日貸款。其他的不良債務還包括以你的汽車所有權做為擔保品的抵押貸款，以及利率和費用通常都很高

---

1. "Money Causes the Most Stress for Couples, According to New Ally Survey." Ally Financial (2018).

的零售商聯名信用卡。

OK，那什麼是好的債務？

好的債務可以換來增值的資產。換句話說，假如你借錢來打造或購買的某項事物，可以讓你賺取大過（通常是大幅超越）借貸金額的收益，那它可能就是好的債務。

下面是一些好的債務範例：

就學貸款 借錢來接受教育和學習技能，日後可以為自己帶來更高的收入和更好的職涯前景，所以是一項值得的投資。你所選擇的職業領域收入成長潛力越高，那你的就學貸款就更可能成為好的債務。舉例來說，一項中世紀木偶戲藝術的學位可能並不值得你申請就學貸款來進修，因為就業市場上大多數的公司並不需要木偶戲大師。相對而言，若是會計、計算機科學、電子工程以及護理這些專業又如何？許多領域的學位都具備高薪和保障就業的良好紀錄。而申請就學貸款的最佳目的，就是對未來自己能夠從事高薪領域工作進行的投資。

房貸 貸款買房可能也是一項好的投資，因為房地產價值通常會隨時間增加，進而產生能夠累積財富的資產。但是請記得，如果想用業主自營的方式營利，由於房屋相關的維護費用成本，通常賺的還不夠支應開銷。

小型企業貸款 貸款來開展一項小事業或為其進行擴張，能夠增加營收和利潤，創造正面的投資回報。

不動產投資 借錢投資可以產生租金收入的不動產（也就是當個包租公或包租婆），可以使其成為一個良好的被動收入來源，

讓你隨著時間累積財富。

　　以上這些債務都被視為好的債務，因為它們有可能幫你賺進比借貸更多的錢。然而，許多美國人背負的都是不良債務，如果你想要成為千萬富翁，就必須避免那些不良債務。

　　那什麼又是不良債務？下面我們一樣來看看幾個例子：

　　信用卡 信用卡帳單每個月都有未繳餘額是最常見的一種不良債務類型。因為其高利率會不斷累積讓你難以完全清償，導致債務越滾越大的惡性循環。根據個人理財網站 GoBankingRates 的一項調查發現，30% 的美國人身上背有 1,001 美元到 5,000 美元不等的信用卡債務[1]。這實在不是什麼好事！

　　讓我們舉個例子來說明信用卡債務有多可怕。還記得我們討論過的複利嗎？如果我們利用它的威力來進行投資那是多麼神奇美妙的一件事。然而信用卡債務把複利的威力翻轉了 180 度。沒錯，一樣是複利，但這次會開懷大笑的不是你，而是銀行和信用卡公司。

　　假設你有 1,000 美元的信用卡債務，年利率是 20%。如果你每個月都只繳最低應繳金額 25 美元，每次繳款後，利息就會隨著餘額累積。

　　第一個月，你的利息是以 1,000 美元計算，也就是 16.67（1,000×20%÷12）美元。在你繳了最低應繳金額 25 美元後，

---

1. Olya, G. "Jaw-Dropping Stats About the State of Debt in America." Yahoo Finance (2023).

餘額會變成 991.67（1,000 － 25 ＋ 16.67）美元。

第二個月，你的利息是以 991.67 美元計算，也就是 16.53（991.67×20%÷12）美元。在你繳了最低應繳金額 25 美元後，餘額會變成 983.2（991.67 － 25 ＋ 16.53）美元。

這項程序每個月會持續進行，每個月繳了最低應繳金額後，你的利息就會在餘額上再產生複利。從上面的計算你可以清楚地看到，利息累積地很快，如果你一直都只繳最低應繳金額，那可能需要很長的時間才有辦法還清債務。

很長是多長？你可能需要坐下來想一想（雖說正在看書的你應該也是坐著）。1,000 美元的信用卡債務，利率 20%，如果每個月只繳最低應繳金額 25 美元，那你需要 5 年半的時間才能還清這筆信用卡債務。更糟的是，光是利息你就繳了 662 美元，所以你才借了 1,000 美元卻還了 1,662 美元。

這還是不考慮其他額外可能費用的情形。

如果每個月改繳 2 倍的最低應繳金額，也就是 50 美元，那又會是什麼情況？假如你以為利息和還清債務的時間都可以減少一半那就錯了，結果比你想的還要更好。你只需要兩年多一點的時間就可以還清 1,000 美元的債務，而且只需繳付 227 美元的利息。只要繳付 2 倍的最低應繳金額，結果就大大的不同！

但無論你怎麼切分還款，由於信用卡公司收取的利息，最終你還是必須為自己使用信用卡購買的任何商品，繳付比其售價更多的錢。這就是為什麼每個月必須繳付高於最低應繳金額的還款非常重要，因為可以避免陷入漫長的債務循環。

　　所以使用信用卡消費最好的方式，就是每個月的帳單都完全繳清，這表示你就不需要背負任何信用卡債務。

　　發薪日貸款 發薪日貸款通常被視為能夠快速解決財務問題的方法，但因為其高昂的利息和費用以及緊迫的還款期限，也可能很快地就變成你的不良債務。

　　發薪日貸款通常是用來支應緊急支出或是預期外的帳單（這是對那些沒有緊急備用金的人而言！）。這類貸款的金額通常是從幾百到幾千美元的小額貸款，而還款日大多都是借款者的下一個發薪日。所以基本上，你只是在預支自己下個月的薪水。

　　申請發薪日貸款通常需要以下的步驟：

●申請書：借款者提供個人工作和銀行帳戶資訊給發薪日貸款的放款方。

●放款方進行查核：放款方可能會要求必須提供額外的文件，或是聯絡借款者的雇主確認其工作情況和收入。

●放款方核准貸款：如果放款方確認借款者符合申請資格，他們就會核准借款者的申請，並告知貸款條件，包括利率和相關費用。

●借款者收到資金：如果借款者同意貸款條件，放款方就會以現金方式發放資金，或將款項存入借款者的銀行帳戶。

●借款者償還貸款：貸款還款日一般為借款者的下一個發薪日。借款者可以全額清償或是繳交最低應繳金額，通常還包含利息和其他相關費用。如果借款者無法在其下一個發薪日全額清償

貸款，或許可以透過支付額外的費用來將貸款展期。

你必須注意的是，發薪日貸款的利息和相關收費可能都很高，因此借款成本高昂。借款者應該只有在沒有其他方法，並不確定且能夠在下一個發薪日完全清償貸款的情況下，才考慮發薪日貸款。

因為每借款 100 美元，通常就必須支付 10 ～ 30 美元的費用，且利息超過 20% 的情形也不算稀奇。此外，發薪日貸款的借款者往往會陷入申請更多其他貸款來償還原始貸款的惡性循環，進而掉入一個摧毀財富的債務黑洞。

醫療債務 根據線上貸款平台 Lending Tree 的調查，將近有一半的美國人身上都背有（或曾經有過）醫療債務。更糟的是，有將近 4 分之 1 的美國人還沒清償自己的醫療債務[1]。醫療費用快速增加也是導致破產的主要原因之一。如果你必須在醫院病房過夜，那需要支付的費用還會進一步飆升。

賭債 賭債幾乎沒有例外的會是一種不良債務，因為它和信用卡債務還有發薪日貸款一樣，伴隨著高昂的利息和費用。賭博成癮會產生債務累積的惡性循環，因為好賭者會借更多的錢來滿足自己的賭癮。

未繳帳單 例如公用事業費或是醫療保險費，如果不及時繳

---

1. Delfino, D. "23% of Americans Have Medical Debt (and Other Stats)." Lending Tree (2022).

納可能很快就會變成不良債務。因為逾期的罰款和利息會逐日累積而變得令人難以負擔。

如何擺脫債務

如果你有背負不良債務，那麼消除該債務就應該是你的首要任務。所以，在這章剩下的部分，我們就來討論如何擺脫債務並保持遠離不良債務。

毫無疑問，無債一身輕是一種生活方式。你建立的習慣和不經意做出的決定，加總起來就構成了你的生活方式。在這裡我們要討論的是能夠累積財富的習慣，還有可以防止背負不良債務的決定。我們會聊到許多這類習慣和決定，但現在你只需要了解，債務和我們的關係比大多數人認為的還要複雜一點。

> 擺脫債務並不只是一連串的行動，
> 而是一種生活方式。

不過不必擔心，擺脫債務並不複雜，只是需要一點時間。

先前我已經用節食來比喻過，現在我們還是用它來比喻，因為兩者有類似的過程。比方只節食 1 個月的話，不會產生持久的效果。你可能會在那 1 個月裡減掉幾公斤，但如果之後不把它作為你日常飲食的一部分，那好不容易減掉的幾公斤可能又會回到

你的身上。於是你又回到了起點。

看過《減肥達人（The Biggest Loser）》嗎？它是一個電視實境秀節目。這個節目讓體重超標者上電視參加比賽互相對抗，看誰能減掉最多的體重。理論上出發點很好，可惜的是，許多參賽者並沒有把減重作為他們生活習慣的一部分，在比賽後體重又馬上回復原狀。事實上，美國國家衛生研究院追蹤這節目的 14 位參賽者，進行了長達 6 年多的研究調查發現，這 14 位參賽者的體重後來全部都回到原點，有些人甚至變得更重 [1]。

這和擺脫債務沒有什麼不同。跟減重擁有好體態一樣，消除你的不良債務也是一件美妙的事情。你絕對必須為了它盡快採取行動。但是你必須改變自己的生活方式才能擺脫債務，否則你就等於宣判自己（還有你的家人）終身都要陷在自己挖掘的財務黑洞中。這聽起來讓人不寒而慄！

所以，就讓我們來聊聊 2 項觀念，先從擺脫債務開始，然後是保持無債一身輕。準備好了我們就開始。

如果你有背負不良債務，那你的優先目標就是消除它。而有 2 種關鍵的方法可以幫助你做到這點，就是雪崩式還債法（Debt Avalanche Method）和雪球式還債法（Debt Snowball Method）。雖然兩者解決債務問題的方法出發點截然不同，但它們都能夠隨

---

1. Fothergill, Erin, Juen Guo, Lilian Howard, Jennifer C. Kerns, Nicolas D. Knuth, Robert Brychta, Kong Y. Chen et al. "Persistent Metabolic Adaptation 6 Years after 'The Biggest Loser' Competition." Obesity 24, no. 8 (2016): 1612–1619.

著時間減輕你的債務。

　　雪崩式還債法是根據利率的高低決定還債順序，雪球式還債法則是根據金額大小來決定還債順序。

　　我們就分別來說明這 2 種方法。

雪崩式還債法

　　雪崩式還債法的還債策略是優先償還利息最高的債務，同時維持繳付其他所有債務的最低應繳金額。目的就是先還清高利息的債務，因為這類債務會吸你最多的血（例如 20% 的利息會比 4% 的利息吸你更多的血）。

　　此法也稱為「債務堆疊法」，其主要目的是減少債務存續期間的利息支出。比起任意選擇一種債務還款，雪崩式還債法可以讓你更快地還清債務。

　　以下是雪崩式還債法的進行步驟：

　　步驟 1　　列出你所有的債務資訊，包括總金額、個別債務的利率以及每個月的最低應繳金額。

　　步驟 2　　把所有的債務按照利率從高到低排列。

　　步驟 3　　繳付所有債務的最低應繳金額，但為清單上的第一筆債務追加還款金額（意思就是高於最低應繳金額，以利於緩慢但確實地消除第一筆債務）。

　　步驟 4　　每還清一筆債務後，以該筆清償債務的金額，作為下一筆利息次高債務的追加還款金額。持續這項過程直到所有的債務都全部還清。

下面的例子讓我們從利率高低順序，考慮 3 種類型的債務：

債務類型	金額	利率	最低應繳金額
Visa 信用卡	$6,700	20%	$55
汽車貸款	$14,500	5.5%	$50
就學貸款	$35,429	3.78%	$60

請注意，雖然就學貸款是目前為止金額最高的貸款，你還是應該優先償還信用卡債務，因為它的利息最高。先為所有的債務繳付最低應繳金額，然後為信用卡債務繳付更多的款項，開始逐步地減少信用卡債務，直到全部還清為止。接著再集中火力償還汽車貸款，最後才是就學貸款。

雪崩式還債法被視為效果良好的還債策略，因為優先償還高利率的債務，能夠幫助你在債務存續期間省下最多的利息支出，進而可以更快地還清債務。

不過和生活中的任何事物一樣，在我們決定採用這項方法之前還是必須知道它潛在的一些缺點。

舉例來說，要還清高利率的債務可能必須花費較長的時間，會讓某些人因此卻步。再者，如果有一個人的債務金額較大，利率也很高，那麼每個月必須支付的龐大金額可能會讓他們在安排預算時感到捉襟見肘。

儘管有這些潛在的缺點，雪崩式還債法對背負多筆高利率債務，但還是想節省利息支出的人仍然是有效的還債策略。雖然採用這項方法需要紀律和專注力堅持，但回報可能相當顯著且可觀。

雪崩式還債法的優點和缺點	
優點	缺點
● 降低所有債務的總利息支出 ● 更快地還清債務 ● 由於必須優先償還高利息的債務，迫使你必須嚴守紀律	● 需要更多的紀律 ● 需要更長的時間才能看到進展成果 ● 可能需要花費更多精力把債務依照利率高低排列（因為利率資訊的呈現可能不太明確）

雪球式還債法

　　雪球式還債法是著名的電台脫口秀節目主持人戴夫・拉姆齊（Dave Ramsey）喜歡的方法，同時也是一項受歡迎的還債策略，就是根據債務金額的大小排序，從金額最低的債務優先開始償還。

　　雪球式還債法的還債策略是先從金額最小的債務開始償還起，然後從小到大依序排列，逐步償還下一筆金額更大的債務，如此能夠在還清每一筆債務的過程中，讓你累積擺脫債務的動力。所以雪球式還債法的目的在於，幫助人們在消除其債務的過程中維持高昂的動力，以更快地實現無債一身輕的目標。

　　步驟 1 列出你所有的債務資訊，包括總金額、個別債務的利率以及每個月的最低應繳金額。

　　步驟 2 把所有的債務按照剩餘的金額從小到大排列。

　　步驟 3 繳付所有債務的最低應繳金額，但為清單上的第一筆債務追加還款金額。因為這是你最小的一筆債務，應該不需要太長的時間把它從你的清單上消除。這樣能夠幫助你在心理上取得勝利，並有動力繼續清償下一筆債務。

步驟 4 每還清一筆債務後，以該筆清償債務的金額，作為下一筆次低債務的追加還款金額。持續這項過程直到所有的債務都全部還清。

舉個例子，假設你有 5 筆債務，金額分別為 500 美元、1,000 美元、3,000 美元、7,000 美元以及 1 萬美元，那麼你第一個目標就是先還清金額最低的 500 美元債務。

要開始執行雪球式還債法，你每個月都必須繳付所有債務的最低應繳金額。除了金額最小的一筆債務，你必須盡可能地為這筆債務繳付更多的還款金額，直到它完全清償。而這表示你必須從你的預算中撥出額外的資金來償還該筆債務（提醒：這是我們先前討論過的財務目標之一）。你可以透過減少不必要的支出、想辦法增加收入，或是雙管齊下來達成此目的。

一旦你還清了金額最小的一筆債務，那就繼續償還清單上下一筆金額最小的債務。而這一次你會有更多的資金來繼續還債計畫，因為你已經消除了一筆債務。所以就把這筆金額加上下一筆金額最小債務的最低應繳金額進行還款，這樣可以更快地還清下一筆債務。

例如，假設第一筆債務每個月的最低應繳金額為 50 美元，但是你每個月繳付 100 美元，現在你就可以把這 100 美元加到下一筆債務的最低應繳金額上。如此你就可以比第一筆債務更快地還清第二筆債務。

在消除清單上債務的過程中，每還清一筆債務，你就可以累積一股繼續堅持下去的能量和動力。雪球式還債法能夠幫助你聚

焦在還清所有債務的目標上，並且在每還清一筆債務時賦予你成就感。

雪球式還債法最主要的優點就是讓你保持動力。先集中精力解決較小的債務問題取得小勝利，如此就可能讓你充滿能量，激勵你繼續堅持下去。

選擇哪種方法其實不是那麼重要，重點是還清你的債務可以幫助你累積財富並提高信用評分，而好的信用評分又可以幫助你取得其他貸款的資格（例如汽車貸款或房屋貸款）、獲得保險優惠，甚至是租房資格。也有些雇主在徵人時，會將信用評分查核視為例行背景調查工作的一部分。

換句話說，盡快還清你的不良債務有百利而無一害。

雪球式還債法的優點和缺點	
優點	缺點
• 用小勝利讓你保持還債的動力 • 容易執行，因為你不需要考慮利息	• 可能需要長一點的時間才能還清債務 • 需支付更多的總利息

如何保持無債一身輕

正如你已經知道的，保持無債在身和擺脫債務一樣重要。保持無債一身輕是你可以選擇的一種生活方式，雖然它不總是那麼容易。但不背負債務的好處要遠遠大於為此做出的犧牲。

首先，你必須非常清楚，我正在說明的是保持遠離不良的債

務，例如信用卡債務和賭債。好的債務，像是借錢來學習增進自己的技能，或是購買優質企業的金融商品和住宅這類增值性資產（你仍然必須小心地管理），則不是我在這一個段落要討論的。

想要保持遠離不良債務必須從根本上改變你的生活方式。意思是我們必須以不同的角度來看待金錢，只把信用卡做為便利的消費工具，而不是用在預支還不知道未來能否支應的開銷（提醒：有責任地使用信用卡好處多多）。我們必須了解，金錢只是一項工具；而所有的工具都是為了從無到有打造某項實際的事物。

對你來說，可能是買下你一直夢想的一棟湖畔別墅，或是舉家搬到氣候宜人的加勒比海，又或者是提早退休。

想保持遠離不良債務有下列 4 項要件：

設定財務目標 我們在這本書的其他章節已經討論過，給自己一個儲蓄和投資的理由，會讓我們更可能動手執行。例如，把薪水的一部分存起來買一艘你夢想的小遊艇，會只比單純為了「未來」存錢的動力更高。遊艇是一個具體的目標，而單單「未來」兩個字則相對虛幻不實。你的財務目標必須明確具體而且能夠達成。

先付錢給自己 在習慣 #4 這一章你已經了解，「先付錢給自己」原則是實現你的儲蓄和投資目標、支付帳單以及能夠享受一點自由運用的資金絕佳的策略。「先付錢給自己」原則會幫助你更不容易陷入債務危機，因為你已經預留了足夠的資金來支應預期外的開銷，而且你清楚地知道自己還剩下多少錢可以自由任意地花用。

記錄你的開銷 持續地記錄你的開銷，是了解自己是否維持在正軌上還是已經超支唯一的方法。大部分的千萬富翁對自己花了多少錢以及花在什麼地方，至少都有一個大致的概念。如果你發現自己的支出失控，你在習慣 #9 建立的電子試算表可以幫助你清楚地了解情況，要進行修正也很容易。

準備一筆緊急備用金 如果沒有一筆緊急備用金，一旦碰到非預期的支出，例如車禍意外、醫療費甚至是失業，那你很可能就會面臨陷入債務危機的風險。在一個獨立的儲蓄帳戶中預留一點資金，可以在生活中發生意外時提供所需的支出，發揮緩衝功能。

付諸行動

下面是你必須做的事情

步驟 1 確認你的不良債務。你的不良債務包括信用卡債務、發薪日貸款以及其他花在非增值性資產上的債務。提醒：這些債務的利率通常也很高，你應該優先盡快償還。

步驟 2 訂定還款計畫。不論你選擇雪崩式還債法或是雪球式還債法（還是其他類型的還款計畫），讓消除不良債務成為你的首要任務。因為這些債務會扼殺你累積財富，成為千萬富翁的機會。

步驟 3 持續地記錄你的開銷。記錄開銷極為重要。如果不記錄自己的開銷，那你陷入負債的可能性會提高 10 倍以上。

PART 2

如何實現「FIRE」

How to FIRE

什麼是財務獨立
提早退休？

在這本書的第一部分，你已經學習了千萬富翁的 10 個習慣。這些習慣將會隨著時間幫助你變得更為富有。但這是為了什麼？你為什麼想要變得富有？就只是單純地因為想要？

也許不是這麼簡單。

想像一下，如果全世界所有的錢都是你的，但是你卻不知道這麼多錢要用來做什麼。如果你跟大多數人（包括我！）一樣，沒有一個累積財富的理由，那你就會只因為有錢，而開始把它花在不該花的地方。

累積財富的出發點是為了能夠自由地去做自己真正想做的事情，也許是可以把更多時間消磨在辦公室以外的地方。能夠自由地支配自己的時間是一種終極的自由，而「FIRE」運動引發了若干真正堪稱奇蹟的驚人現象，讓這項理念捲起一股風潮，引起大眾媒體的關注。

事實上，哥倫比亞廣播公司（CBS）的《市場觀察》（Market-Watch）和全國廣播公司商業頻道（CNBC）的新聞影片內容還有網路上無數的文章，都介紹過我跟我太太兩個人。

在這本書的第二部分，我們會進一步地討論「FIRE」。我會幫助你了解什麼是「FIRE」，你是否適合它，以及如何利用在第一部分討論過的那些千萬富翁的習慣來幫助你實現「FIRE」。

相信我，這相當有趣。因為我們會討論的是如何享受自己辛勤工作的成果。

首先，還是先聽我講個故事，這要從 13 年前感覺快被太陽曬乾的一個春天禮拜六早晨開始說起。那時我住在亞利桑那州圖森市南部的一棟郊區房屋。身為一名單身高薪的軟體開發人員，我擁有舒適生活所需的一切條件。你了解吧？就是那些能夠彰顯財富和成功的玩意。我每天上班幹活然後下班回家，迫不急待地想忘掉隔天依舊堆積如山的工作。

那一個禮拜六早晨，我一如往常地走進車庫，像個機器人一樣伸手去按開門鈕。這動作我已經做過成千上萬次，連想都不用想。但是那一個禮拜六，事情有點不一樣。

因為某個理由我動也不動，我的手沒有伸向開門鈕。相反地我轉過身，眼睛盯著我面前的幾個大玩具。

左邊是一輛我的全新凱迪拉克。中間是我的 Yamaha R1 大型運動重機，這部二輪猛獸如同一個 28 歲的年輕小夥子一樣每個月要花掉 220 美元的保險費。右邊則是我的北極白增壓版雪佛蘭科爾維特跑車。我是它們共同的主人，在我的車庫裡停滿了這

些昂貴而且會讓腎上腺素暴衝，為生命帶來刺激也伴隨危險的玩意。它們隨時準備幫助我忘掉生活中一切不愉快的事情。

那天早上我沒有把車庫門打開，只是站在那裏，看著我用自己賺來的錢買來的這些玩意。毫無疑問，駕馭著這些速度猛獸享受風馳電掣的刺激為我帶來快樂，但它們卻無法幫助我戰勝那感覺要把我的人生消磨殆盡的職業生涯。

為什麼會有人擁有了這麼多卻還是覺得不滿足？我感到自己仍然缺少了什麼，但卻找不到可以填滿空缺的那一塊拼圖。

那個禮拜六早晨，是我第一次承認自己至今對人生做出了錯誤的選擇，而且錯得徹底。當時，我還沒辦法弄清一切。事實上，離弄清一切還差得老遠。但那個週末是我看待金錢和人生的轉折點，我知道我必須為自己找一條出路。我下定決心辭掉我的工作，在我人生的剩餘時間，去做會讓我覺得真正快樂的事情。

那時我還不知道自己要做什麼，但「FIRE」就是解答。

財務獨立提早退休（Financial Independence Retire Early，簡稱 FIRE），是由兩個部分所構成的一項概念。

首先，我們來看看第一個部分「**財務獨立**」，它的意思是你已經存下或投資了足夠的財富，在你之後的人生不需要再去多賺一毛錢。

透過複利的力量並維持低度的開銷，財務獨立讓你只需依靠你的投資收益就能夠生活。

你的錢**真的**在為你工作。

請注意，財務獨立並不代表你就必須辭掉你的工作。如果你

喜歡你的工作那就繼續工作，這不是問題。財務獨立只代表你可以不必工作，但如果還是想要當然也可以。換句話說，你擁有選擇的權力。

第二個部分是「**提早退休**」。在達成財務獨立之後，下一步就可以辭掉你的工作，完整地實現「FIRE」。這代表你決定不再工作，在往後的人生依靠你的投資收入生活。

讀到這裡，你可能會有幾個問題想要問我：「**我需要擁有多少投資？**」或是「**萬一市場下跌，我的資本收益縮水怎麼辦？**」

別擔心，我們會討論這些問題。而對於「FIRE」的定義和實現方式存在的許多誤解，我們也會在接下來的章節裡一一釐清。

在「FIRE」這個社群裡，我的故事並不是那麼特別。但如果是對更廣大的人群而言，那絕對是獨一無二（對某些人來說甚至是瘋狂）。

從我第一次踏進辦公室的那一刻起，我就知道這個地方不適合自己。我沒有辦法忍受那些績效考核、沒有效用的會議、毫無意義的任務解說，還有那些自以為無所不能的「奇葩」同事……

然而，這樣的生活我還是忍受了超過 14 年。我一路高升也換過工作得到加薪。我也學會了寶貴的技能。儘管如此我很清楚，在這間「美國公司」工作到 65 歲才退休，不是自己想要的人生。

但當時我的年紀尚輕，腦袋裡還沒有什麼「財務獨立」或是「提早退休」的概念。和大多數的人一樣，我不知道自己真正想要的是什麼。但是我很清楚地知道自己**不想要什麼**，我不想在乏

味無趣的辦公室裡工作 40 年，只為了解決別人的問題。

而當我遇到那位最終成為我妻子的女性後，我想要的人生樣貌突然變得清晰起來。她是一名火箭科學家（沒錯，就是字面上的意思），領著跟我差不多優渥的薪水。在職涯最終，我們的年薪略高於 20 萬美元。那一年是 2013 年，在當時能賺到 20 萬美元就是一筆鉅款了，是能夠改變人生的一筆大錢。

對於能夠賺取這樣的高薪，我們那時必須從下面的兩個選擇做出一個決定：

過著像搖滾巨星一樣的生活。這會是很有趣的一條路線，因為代表等著你去體驗的有度假豪宅、開著豪車兜風、奢華的晚餐、職業運動比賽的貴賓室季票等，隨便你想。我們可以享受生活中所有美好的事物，像是怕來不及把錢花完一樣地盡情揮霍。

儲蓄、投資，然後辭掉工作。相對於過上搖滾巨星般的生活，另一個選擇則是把我們大部分的收入拿來進行儲蓄和投資，快速地累積財富。只要累積了足夠的財富，我們就可以辭掉工作，追求我們想要的生活方式！

我很確定你知道我們做了哪一項選擇。

多年來，我和妻子存下了我們倆總薪資的 70%（如果你稍微算一下，20 多萬美元的 70% 可是一筆大錢）。

下面是我們為了「FIRE」所做的事情：

● 扣轉最高比例的薪資到我們雇主資助的 401(k) 帳戶，當時的金額數字是 1 萬 7,000 美元；

●繳交最高繳款限額到我們的 Roth IRA 帳戶，當時的金額數字是 5,500 美元；

●我們開設了一個先鋒領航集團的投資帳戶，一年投入指數基金超過 10 萬美元，以更進一步地運用股票市場的力量。我們也利用自動化系統來簡化每個月的例行投資工作。

●我們詳實地記錄自己的開銷，比方我可以一毛不差地告訴你，我太太這些年來在購買甜薯上花了多少錢！也許你不需要做到這種程度，但我們辦到了。

我們竭盡所能地以最快的速度往財務獨立的目標邁進。

3 年的時間，我們過著像是大學生的生活，存下了數十萬美元，快速地累積了足夠的財富，直到我們終於覺得「是時候了」。

於是我們辭去了工作、賣掉了我們的房子，開著一輛 Airstream 露營車「全職」地環遊全美國。透過旅行，我們進一步地認識了我們的國家，從中留下的許多美好回憶是如此珍貴，無論用什麼東西我都不願意交換。

但我並不是在說你也必須賣掉你的房子，然後住在一輛露營拖車裡才叫實現「FIRE」。這只是我們夫妻倆的故事。

但我也不會告訴你實現財務獨立很簡單，因為事實上它真的不容易。

要實現財務獨立需要一種有目的和有意識的生活方式。你的開銷不能失控。你必須竭盡全力避免信用卡債務。如果不遵受紀律，那想要實現財務獨立就算不是不可能，也會非常困難。你必

須不斷地提醒自己，要花錢在任何事物上以前，不要忘了實現財務獨立的目標更為重要。

要實現財務獨立，必須許多年持續不斷地賺取更高的收入，然後將收入拿來進行儲蓄和投資，而且還要管控開銷。很少人可以在一夜之間就實現財務獨立，除非他們中了樂透還是發了什麼大橫財。相反的，這需要多年的奉獻與投入。它雖然單純，但不會在一夜之間就發生。

如果你在年輕時就懷抱著財務獨立的夢想，那麼增加收入就應該是你的第一要務（除非你有背負高利息的債務，例如信用卡債務，那你的第一要務就會變成擺脫這類債務）。如何增加收入和擺脫不良債務，我們在第一部分都已經詳細地討論過。

如果你沒有債務困擾，也已經是高薪一族，那麼下一章我們就會討論如何實現「FIRE」，包括回答前面提到你可能會有的 2 個疑問。

「FIRE」背後
的簡單數學

在這章一開始，我必須先懷著一絲內疚承認：數學從來都不是我的強項。如果我在學校的代數課成績拿到 B，那我就會是全班最開心的小孩。

但好家在，你不需要是數學系畢業，也可以算的出如何才叫達成「FIRE」。

這一章我們就要來做一點簡單的算術。了解需要多少錢才算實現財務自由非常重要，因為這個關鍵數據可以提供你一個明確的努力目標。

所以我們需要進行一點數學運算（別擔心，只是很簡單的算術）。

但在我們開始之前，必須先說明之後會用到的算式中一項重要的元素：淨資產。

你只需要直接把你的資產減掉負債，就可以知道自己的淨資

產是多少。該數字就被視為你擁有的財務「價值」。

　　要算出你的淨資產，先把你所有的資產加總起來，包括你的存款、投資、現金、不動產、車輛，以及所居住的房屋價值。然後再把你所有的債務加總起來，包括尚未還清的房貸、借款、信用卡帳單，以及其他貸款或是義務性的財務支出。接著就把這 2 個數字代入下面的算式：

資產－債務＝淨資產

　　請注意，如果你的債務大於資產，那你的淨資產有可能是負值。舉個例子，假設你有 7 萬 5,000 美元的資產，但是有 10 萬美元的債務，那你的淨資產就會是負的 2 萬 5,000 美元。很顯然，這不會是我們想要的結果。我們當然希望自己的淨資產是正值（而且數字越大越好！）。

　　你不需要現在就馬上確認你的淨資產是多少。但是，在達成財務自由之前，你必須知道這個數字。

　　必須注意的是，有些人不會把自己的主要住所視為淨資產的一部分，因為他們認為你總是需要一個地方居住。換句話說，如果你把自己目前的主要住所賣掉，那得到的資金很可能會用來購買另一個新的主要住所。因為你沒辦法保留賣房的收益，所以有些人認為它就不能被視為你的淨資產。

　　然而，這其實是個錯誤。請記住，房屋產權也是一項資產。沒錯，你賣掉主要住所的錢，的確可能會拿來購買新的主要住所而無法保留，但這只代表房屋產權是一項非流動性資產。

什麼時候才算達成「FIRE」？

當你的投資回報的資本收益足以支應你所有的生活開銷，那你就已經達成了「FIRE」（簡單說，就是你已經成為「FIRE」族）。換句話說，你不再需要工作賺錢，只依靠投資回報就可以生活。

舉個例子，假設你 1 年的生活開銷是 8 萬美元，那麼你的資本收益和其他投資回報就必須能夠完全地支應這 8 萬美元。換句話說，你的投資 1 年至少必須提供 8 萬美元的收益。

我們再來做一點算術。大多數的「FIRE」族會使用 2 種方法來計算自己什麼時候能夠達成財務獨立。感謝三一研究（Trinity Study），計算方法非常簡單。

什麼是 Trinity Study？

這是在 1998 年，由三一大學（Trinity University）的三位教授所進行的一項著名的退休模擬研究，研究的主題是 30 年內 [1]，退休投資組合提領率的持續性。

換句話說，這項研究的目的是要揭露安全提領率這個數字，能夠讓退休者維持他們既有的生活水準，同時不會用光自己的退休金。

這份研究檢視了不同的提領率，範圍從 3% ～ 12%，並調查

---

1. "Trinity Study." Wikipedia.

其在股票市場歷史不同 30 年區間的回報成功率，包含於 1929 年發生的大蕭條時期。

三一研究人員發現，假設退休者持有一項股債平衡的投資組合，那麼在 30 年的退休生活期間，4% 的提領率通常是可以持續實現成的。

這代表退休族在他們退休時可以提領初始退休投資組合金額的 4%，並且每年根據通貨膨脹率調整提領金額，同時有很高的機會在退休生活期間永遠不會把錢花光。

Trinity Study 已經成為退休規劃中被廣泛引用的基準，幫助財務規劃人員和退休者進行退休收入規劃。

使用 Trinity Study 的 4% 準則進行計算有 2 種主要的方法：

方法 1 把你現有的淨資產乘以 0.04，得到的數字就是你退休後每年可以花用的金額。

方法 2 把你 1 年的開銷乘以 25，得到的數字就是要達成財務獨立，你必須要有的淨資產。

從這 2 種方法計算得到的其實是一樣的答案，只是從 2 個不同的角度出發。選擇哪一種方法取決於你想根據哪一項數字來進行計算，你現有的淨資產，或是 1 年總共的開銷。

舉例來說，假設你現有的淨資產為 50 萬美元，那使用第一種方法計算，你退休後 1 年可以花用的金額就只有 2 萬美元。算式如下：

$$50,0000 \times 0.04$$

對於生活在工業化國家的人而言，1 年只花 2 萬美元是不可能的事情。在這種情況下，我們還沒有達成財務獨立。

現在，我們假設你擁有 2 倍的淨資產，也就是 100 萬美元，那麼你 1 年能夠花用的金額就會變成 4 萬美元。雖然還是不高，但在美國或世界某些生活成本較低的地區還是足夠支應 1 年的生活開銷，也就是以 4% 的提領率計算，在**這些地區**擁有 100 萬美元的淨資產你就可以達成財務獨立。

換言之，擁有同樣的淨資產，在堪薩斯州的一個小城鎮你可能已經達成財務獨立，但在紐約市就沒有辦法。你的生活成本（也就是你居住的地方和你選擇的生活方式）是這個算式中一項重要的元素。

接著我們使用第二種方法來進行計算，也就是以你 1 年的生活開銷，算出你必須擁有多少淨資產才能達到財務獨立。

我們假設你一年的生活開銷是 7 萬 8,000 美元，包括**房貸或房租、公用事業費、治裝費、手機費**等。算式如下：

$$78,000 \times 25 = 1,950,000$$

一樣使用 Trinity Study 的 4% 準則，你需要將近 200 萬美元的淨資產才能維持 1 年 7 萬 8,000 美元的開銷，也就是才能達成財務獨立。

這告訴我們要達成財務獨立的幾件事項：

首先是，達成財務獨立的基準取決於你的淨資產和生活成本。

意思就是假設有兩個人擁有相同的淨資產，那也許其中一個

人已經達成財務獨立，但另一個人卻還沒達成，因為兩個人居住地的生活成本不同。

其次是，達成財務獨立並不代表你就已經成為「FIRE 族」。

請記住，財務獨立只是第一部分的「FI」，還有第二部分的「RE」。「FIRE」假設的是當你達成財務獨立後就「提早退休」，而不是繼續工作。如果你達成財務獨立後就辭掉工作，然後只靠投資收益就可以度過餘生，那麼恭喜你，你已經正式成為「FIRE 族」。

「如果我已經達成財務獨立，那我怎麼會還不選擇退休？」

這是一個好問題，它也有一個很好的答案。因為並不是所有人都適合提早退休。事實上對某些人來說，它還可能是一項災難性的選擇。在下一章，我們會討論為什麼提早退休也可能不是一項正確的選擇。現在，我們就先假設你適合提早退休，你的目標也是可以盡早不用再工作。

我很喜歡使用 Trinity Study 的 4% 準則來粗略估算能夠提早退休的門檻，但請記得，這項準則還是存在其固有的侷限性。

Trinity Study 有所侷限的地方包括：

歷史數據的偏誤：應該很多人都聽過一句話，「過去的績效不保證未來的表現」，Trinity Study的研究結果也的確是如此。經濟環境和市場趨勢往往會發生重大變化，進而影響提領率的持續性。

有限的時間範圍：現代人的壽命要比30年前更長（男性平均為75歲，女性平均為80歲）。Trinity Study只調查30年退休期

間的提領率,這對於可能擁有或計畫更長期退休生活的人就有所不足。

過於簡單的假設:此研究假設提領率固定,資產配置股債各半。退休族可能必須根據個人情況、市場條件等其他因素,調整自己想要的提領率、資產配置以及風險承受度。

忽略稅費因素:此研究未考慮稅務、費用比率、交易成本以及管理費,而這些因素都會顯著地影響提領率的持續性(這也進一步說明為何通常所需費用較低的被動式投資,一般都會優於主動式管理基金)。

樣本不均勻:此研究只針對一種類型的退休族,即擁有固定年度消費額的美國家庭。而這可能不適用於不同地區不同類型的家庭。

但即使存在這些侷限,4% 準則還是具備其堅實的研究基礎,能夠提供一個數字讓你知道,在你可以辭掉工作,躺在海灘上啜飲雞尾酒享受人生之前,你必須先累積多少資金。

你可能會喪失財務獨立的狀態

現在讓我當個討厭鬼來告訴你,達成財務自由後,你的「工作」還沒結束。如果你的開銷增加(或是投資收益減少),你可能就會喪失財務獨立的狀態。

很顯然的,這是我們必須竭盡全力避免發生的結果。還好,

有一些技巧能夠用來確保你不會花錢花到讓自己失去財務自由。

首先，你每年必須至少再做一次 4% 準則計算。

我和我太太每年都會再做一次這項計算，確認自己依然保持在正軌上，誠實地遵守支出預算。必要時我們會調整開銷，以確保不會發生超支的情形。

比方說，我們可能會在市場上漲時多花一點錢，在市場下跌時則減少開銷。在提早退休 7 年之後，我們對自己每年可以花多少錢都了然於胸，你也將會是如此。

其次，確認你的開銷沒有超出預期。

在達成財務自由之後，你還是必須保持專注並定期地確認自己的「**自由狀態**」。就像我們在習慣 #9 這一章討論過的，維持訂定的開銷預算，可以幫助你發現每個月任何的超支或是非預期的支出。如果你在某個類別的支出比想像中高，沒關係，就找出原因何在，然後做出適當的調整。

第三，維持順暢的溝通管道。

和配偶討論財務問題至關重要。雖然這並不容易，但順暢的溝通管道可以幫助你們在財務目標、開銷選擇以及整體的幸福感受上都有一致的想法。

至於如何和配偶維持順暢的溝通管道，請參閱附加章節「如何和你的配偶談錢」。

不同風味的「FIRE」

所謂的「FIRE」是一個非常抽象的用語，它描述了在實現財務獨立的過程中以及達成目標後，範圍廣大到近乎瘋狂的生活方式選擇。

正如我在前言裡說過的，你不需要像我和我太太一樣賣掉自己的房子、駕著一輛露營車遊遍全美國才叫「FIRE」。我們想要踏遍這個國家，但不見得每個人都想這麼做。

還有許多其他獨特的提早退休生活方式，可以讓你選擇。

因為人們喜歡簡稱，所以通常每種提早退休生活方式都有一個簡稱。有些你看了可能會覺得很好笑，因為某些簡稱的確相當有趣。

下面我們就來瞧瞧幾種最常見的「FIRE」生活方式：

傳統型「FIRE」

就像字面傳達的意義，大部分的提早退休族都屬於這個類型的「FIRE」。此類型提早退休族的生活方式，1 年的花費通常都介於 4 萬 1,000 美元到 9 萬 9,000 美元。

傳統的 FIRE 族把他們大部分的錢投入股市、不動產以及其他投資商品。他們生活舒適但不奢侈。他們偶爾或許會計畫一趟價格不菲的假期或是郵輪之旅，但可能不會每年都搭機出國旅行（除非他們使用信用卡或是運用多單元住宅投資法 [house-hacking techniques]，讓出國旅行的費用大幅地降低）。

傳統 FIRE 族的生活開銷不大。事實上，他們的生活方式可能跟還在工作的時候沒什麼太大的不同（當然，除了工作本身以外），在支出部分沒有什麼重大改變。許多提早退休的人都屬於這個類型。

傳統型和接下來的 2 種「FIRE」族，都假設他們從事數十年之久的高薪工作，且持續地獲得加薪和升遷、積極儲蓄和投資，一直到晚年才進行高消費行為。

簡約型「FIRE」

簡約型「FIRE」（LeanFIRE）意思是只想要盡早退休，不在乎退休後有沒有多一點錢可以花。簡約型「FIRE」族 1 年的

開銷通常都低於 4 萬美元，這在美國的許多地區的確都可以做得到。不過，這可能也表示你必須要住在生活成本較高的大都市以外的地區。

簡約型「FIRE」族會嚴格管控自己的開銷。他們很少外食、不花大錢去度假、不會每年都換新手機或是買新車。他們還傾向從事困難但高薪的工作來快速累積足夠的財富，讓自己可以盡早辭職退休。

你可能根本不知道這些人其實已經提早退休，只覺得他們看起來似乎比一般人更享受生活。他們可能會在某個禮拜二的早上 10 點去逛街購物，中午在公園慢跑，而自己可能不確定今天是星期幾。

富裕型「FIRE」

如果你希望自己提早退休後 1 年可以有 10 萬美元以上花用，那麼你就屬於富裕型「FIRE」（FatFIRE）。這個類型的「FIRE」能夠讓你享有中上階層的生活方式，比簡約型「FIRE」有更多的錢可以花。

根據我們在上一章討論過的 Trinity Study 4% 準則，富裕型「FIRE」必須擁有 250 萬美元的淨資產，1 年才會有 10 萬美元可以花。一般來說，富裕型「FIRE」族大都從事高薪工作或是為了更優渥的退休生活願意工作更久，又或者兩者兼具！富裕型

「FIRE」族常見於醫生、軟體工程師、律師，以及其他從事高薪工作多年的專業領域人士，他們在退休後仍然想要維持原本的生活方式不想改變。

這類型的人辭去工作後不需要在生活方式上做出太多犧牲，比方還是可以去旅行、上餐廳吃飯、從事休閒娛樂活動，並居住在生活成本較高的地區。

輕度工作型「FIRE」

輕度工作型「FIRE」（CoastFIRE，又叫滑行 FIRE）是一種獨特的生活方式，它可以讓你繼續做自己喜歡的工作，但不需要承受高薪高標職務通常會伴隨的壓力。換句話說，這個類型的「FIRE」其主要目標是達成財務獨立而不是提早退休。它兼顧了追求財務獨立和個人成就感，在兩者間取得平衡。雖然這樣你就沒辦法很快地實現財務自由，但是你也不需要承受數十年的工作壓力。

輕度工作型「FIRE」族會透過從事高薪工作和積極投資（通常會把 50% 的收入甚至更多用於投資），在職業生涯早期提前累積資金。一旦達到特定的淨資產水準，就可以辭掉原本的職務，另外再找一個壓力比較小的工作，只靠一份較低的薪水生活，然後讓你的投資「滑行（Coast）」到你的目標退休金數字。

舉例來說，假設你需要 100 萬美元才能達成財務獨立。你就

必須在高薪工作領域打拚個幾年，並且透過加薪和升遷持續不斷地提高自己的薪水。

這個階段你可能必須犧牲自己的社交生活，節省娛樂相關的開銷，比方每週 1 次的酒吧暢飲、看電影、買新車，以及昂貴的度假旅行等費用。這些年你必須努力地儲蓄和投資，優先考慮未來的生活方式，而不是現在。

10 年後，你累積了 60 萬美元的資金。於是你把你的腳從油門上移開，換了一個壓力比較小自己也更喜歡的工作。與其從事一個年薪 15 萬美元的工作，然後盡可能地把每一分錢都拿去投資，你選擇一個年薪只有 7 萬美元的工作而且完全不再投資。但是你那筆 60 萬美元的儲蓄金則在市場上逐年地成長，讓你可以只靠 7 萬美元的年薪就足以生活。

現在，你可以擁有更多的假期，在社交生活上支出更多。換句話說，你在自己喜歡的工作領域中過著更為正常的生活，而不必再為了退休進行儲蓄和投資煩惱，因為你已經擁有一筆不斷成長的儲蓄金。

半退休兼差型「FIRE」

半退休兼差型「FIRE」（BaristaFIRE，又叫咖啡師 FIRE）跟輕度工作型「FIRE」非常類似，但有一項主要的差異，採取輕度工作型「FIRE」策略的你尚未達成財務獨立。半退休兼差型

「FIRE」則是提早累積你的職涯收入，然後辭掉工作追求較為愉快的生活，同時讓你的投資在市場上持續成長。

不過，雖然半退休兼差型「FIRE」族已經達成財務獨立，但他們還是繼續從事兼職工作（比方在咖啡館當咖啡師），主要目的是為了享有各種福利的資格，例如比較便宜的健康保險。兼職工作 1 年大概也可以帶來 2 萬到 3 萬美元的額外收入。你雖然沒有非得需要那筆收入，但多一筆錢當然不是壞事。

也許你每個月需要從你的投資中提領一點錢，來為兼職工作收入進行填補。因為半退休兼差型「FIRE」策略假設你從事兼職工作享有的福利待遇，要高過由於不再從事全職工作，而可能需要使用部分投資來支應生活的缺點。

半退休兼差型「FIRE」就好像只先把腳伸進提早退休這個池子裡，而不是全部一頭栽進去。從擁有的淨資產來看，你已經實現了「FIRE」，但是你選擇繼續從事兼職工作來享有各種福利措施，來讓自己的生活多一點美好與從容。

混合型「FIRE」

最後一種類型的「FIRE」基本上是「你開心就好」。有許多人選擇將前述幾種類型的「FIRE」組合起來，創造出一種符合自己生活方式需求以及風險承受度的混合型「FIRE」。

例如，也許你選擇努力工作並積極存錢，直到達成退休所需

淨資產的一半。接著，你轉換為輕度工作型「FIRE」，讓你的投資繼續在市場上為自己累積財富，同時改為從事一項壓力較小的工作，為你的生活方式提供充足的資金。而一旦達成財務獨立，你又轉換成半退休兼差型「FIRE」，只從事輕鬆的兼差工作，主要目的不是為了賺錢而是為了享有各種福利措施的資格。當然，可以順便保有一份收入也是好事。

混合型「FIRE」的重點是不再需要遵循任何策略。你只需要找出最適合自己和家人的「FIRE」方式，一旦發生任何變化就視情況靈活地轉換因應。關於提早退休最令我驚訝的就是，當我從事全職工作時，完全不知道有這麼多的機會就在自己身邊。因為我認為自己已經擁有一份不錯的工作也不需要再有一份額外的收入（或壓力），我的腦袋因此下意識地忽略了其他可能的選擇。

但看看現在的我，不但寫了這本書，也是網路媒體有關個人理財議題的自由撰稿人。此外，我也在線上課程教導如何透過社群媒體賺錢。

我以前從來沒想過自己在辭去全職工作後還可以繼續賺錢，但在順勢而為以及向機會說「好」原則（還記得我們在習慣 #1 討論過的？）的帶領下，即便你處理某件事的出發點並不是賺錢，它也可能會為你帶來額外的收入。

破除對「FIRE」
的不實批評

有件事讓我覺得很奇怪，就是那些追求「FIRE」的人可能會招來不少人的憎恨。我自己就曾經遭受過這種待遇！對我的罵名不計其數，說我錦衣玉食養尊處優、懶惰又沒生產力，是社會的蛀蟲。這些都還算是溫和的批評，還有更多刻薄毒辣的字眼不適合放進這本書裡！

人們總是喜歡批評「FIRE」的主張（還有那些追求它的人）。批評其實是人類的天性，沒錯吧？每當有人開闢出一條違反常規的道路時，人們總是傾向做出最壞的臆測。當中有些批評是合理的，但我發現有更多的批評都是出於嫉妒。大多數的人都想擁有「FIRE」帶來的自由，然而，並不是所有人都能夠如願。

在這一章，我會為大家破除許多對「FIRE」的不實批評。但我也必須先提醒你：我會完全地誠實以對，不是只挑「FIRE」的優點歌功頌德，而對它的缺點隻字不提。這會讓你對「FIRE」有

更實際的認識。如果你夢想著辭掉工作提早退休，要去追求自由的生活還有辦公室外的冒險人生，那請幫自己一個忙，先看完這一章後再看看你會怎麼想。

「一旦退休，你對社會就不再有貢獻」

這是一項看起來頗為合理的指控，但它的假設是只有透過工作，我們才能夠改變我們的社會。這個假設既錯誤，同時也讓人感到困惑。

事實上，我的看法正好相反。

不被全職工作綑綁，可以讓我們有更多時間能夠回饋並影響社會。比方我就認識一位在當地動物收容所做志工的「FIRE」族。其他人則有的在慈善機構擔任志工、在朋友搬家的時候去幫忙、為當地的孩童提供家教服務，也有人有更多的時間和自己的家人相處。當我們不再受全職工作束縛，那麼會有無數的方法可以讓我們回饋社會，為社會帶來正面影響。

宣稱只有透過工作才能回饋社會是過時的想法。提早退休族比大部分有全職工作的人擁有更多的時間能夠為社會做出貢獻。雖然這並不代表所有的提早退休族都會選擇擔任志工，為一個更美好的社會做出奉獻，但如果他們願意，那他們應該都有時間和精力可以做到。

而這正是提早退休的意義所在，你應該把更多時間花在自己

認為重要的事情上。

「你不會覺得無聊嗎？」

這項批評並非完全沒有道理。下一章我們就會討論到，如果是為了逃離某件事而退休，而不是為了去做某件事而退休，那麼有些提早退休族確實會感到無聊。舉例來說，我們大部分人都了解，為了辭掉自己不喜歡的工作（或是遠離自己無法忍受的老闆！）所以退休。這類原因通常都很明確，但沒辦法代表一切。

當你的每一天不再被來自全職工作的要求塞滿，那麼填滿你的每一天就變成了你的責任。對某些人來說這很簡單，但對某些人可能光是想就會覺得可怕。在你了解自己的人生需要某件事物來充實它之前，你也許只能每天狂看 Netflix。提早退休的你需要一個目標。

對我們大多數人而言，工作就扮演了這個角色。但當你不再需要工作之後，你必須用另一種方式為自己找到生活的目標。也許是在你的社區擔任志工，也許是開始動筆寫一本你一直想寫的書。

我會建議，在你知道自己不再需要全職工作後可以去做什麼之前，先不要辭職。你不需要把所有細節都列得一清二楚，但腦中要有一個大致的概念，了解什麼事物可以充實你的時間並提供你目標感，能夠幫助你更自在從容地展開你的新提早退休生活。

「如果你還在賺錢那就不算退休」

如果你宣告自己已經退休，但還是願意去做自己喜歡的事情來賺錢，那你就要做好準備，面對來自我稱之為**退休警察**的攻訐。

「退休警察」通常是一群不太友善的人，他們會指控那些還在賺錢的退休族根本就不算退休。不管你到底賺多賺少，只要你還有工作收入那他們就認為你還沒退休。

這種情況我遇過很多次。在我出版我的第一本書後，社群媒體幾乎就同時開始湧現以下的評論：

「所以，你還沒退休嘛……」

「如果你很有錢，那幹嘛還要來賣書？」

「看來你只是轉行了不是退休。」

說到底，「退休警察」怎麼想其實無關緊要。只要你越早退休，你就有越高的機會在退休後仍然做著某件可以賺錢的事。在辭掉自己朝九晚五的工作後，你可能會很驚訝地發現，賺錢的機會竟然如此之多。只要你懷有符合市場需求的技能，那社會就會需要你！

如何定義退休最終取決於你自己。但請試想一下這個問題：假設有一位喜愛木工的 70 歲老伯，偶爾會賣賣自己手工製作的木造家具，我想應該不會有多少人出來指控這位老伯是個假裝退

休的騙子，或說他是靠木工維生。然而，如果換成一個 40 歲就退休的人做同樣的事，那麼「退休警察」就會響起警鈴，指控這個人說自己已經退休是在欺騙世人。

「一旦哪裡有差錯，你再也沒辦法找回原本的工作」

說的對，我的確沒辦法。但是，我為什麼要找回那份自己花了這麼多年才得以擺脫的工作？我最不想做的事情，就是回到那當初驅使我提早退休的地方。

但這項批評說的也是事實：你離開職場越久，就越不容易再重新回到職場賺取同樣的薪水。為什麼？因為大多數產業的情況都會隨時間有所變化。而履歷空白期造成的差距，可能會讓你相較其他具備近期相關經歷的求職者要居於劣勢。

這也是為什麼一旦選擇退休，能不能再重回職場就沒那麼重要。如果情況不對（預期外的支出、醫藥費帳單、經濟衰退等因素），你可能被迫需要重返職場時，自己應該也會提前就曉得是因為什麼問題。你可以在情況變得更糟以前就開始調整自己的開支，例如賣出你的房子，搬到一個生活成本較低的地方。

此外，你大概也不需要再從事一份高薪高壓的工作才能維持生計。畢竟，你已經藉由管控開銷，並且充分利用你朝九晚五的工作達成提早退休。你知道怎麼賺錢和儲蓄，而且也不必再從零開始。取而代之的，你或許會採用我們在上一章討論過的輕度工

作型「FIRE」策略，讓你的投資持續地成長，同時從事一份壓力較小的工作來支應日常生活費用。

所以沒錯！我沒辦法再找回原本的工作，但是沒關係，因為我也不想再找回那原本的工作。

「你的錢在市場不可能留存到最後！」

在牛市也就是股市上揚期間，提早退休是順水推舟。市場行情好的時候，沒有人會對你賺取的資本收益多看一眼，因為這不稀奇，賺錢的不是只有你一個人。但當市場翻轉往下時，那些憎恨「FIRE」的人就會再次冒出頭來，準備好大肆攻訐嘲諷一番。

大部分提早退休族（也包括普通的退休族）懷有的最大恐懼就是資產耗盡。對大多數的一般人來說，這也會是最糟糕的情況。但數據顯示，實際情況恰好相反。也就是，大部分的退休族**花的錢都不多**。

美國雇員福利研究所（Employee Benefit Research Institute）近期的一項研究發現，62 歲到 75 歲的退休族，有將近 75% 其退休後的資產維持不變或是有所成長[1]。大部分的退休族在退休後都非常保守，在辭去全職工作後的投資商品組合價值大多不減反

---

1. "Retirees' Dilemma: Spend or Preserve?" EBRI (2021).

增。這不是說你退休後就可以像喝醉的水手一樣花錢如流水。我只是想告訴你，最壞的情況很少會發生。

當我在 2016 年辭去工作的時候，許多人都跟我說，在 5 年之內我就會重回職場。因為那區區 100 萬美元的儲蓄金撐不了多久。他們會說，「100 萬美元根本不算什麼！」

然而，7 年過去了，現在我們還是過得很好。即使經歷了 2022 和 2023 年市場下跌跟經濟衰退的憂慮與恐懼，我們持有的投資組合從 7 年前我們辭掉工作後至今還是維持成長。

我們運用「三一研究」的 4% 準則來估計我們需要多少資金才能夠提早退休，它的確很有幫助。即便市場起起伏伏，我們始終有方法對資金使用進行再次修正。我們可能會在市場上揚時花得多一點，在市場下滑時就省一點。重要的是，我們不會自行判斷時機。我們絕不會因為自己認為股價已經觸底就買進，也不會因為股價上漲就賣出。從 2016 年開始我們就把資金一直放在市場上，儘管才剛經歷過大環境瀰漫熊市氛圍和經濟衰退憂慮的 2023 年，從我們辭掉工作時開始算起，至今市場已經讓我們的淨資產增加了超過 20 萬美元。

但說真的：你的資金還是有可能不保。也許市場出現暴跌，或是你出了車禍，需要支付好幾年昂貴的醫療費用。世事難料，有太多我們沒辦法控制的事情。我們可以掌控的事情就是準備好一筆緊急備用金來支應預期外的花費、記錄自己的開銷避免超支，並和私人以及業界人際網絡的朋友保持聯繫，以期在有需要時能有幾個好朋友可以提供幫助。

「你浪費了自己努力付出和累積的一切！」

這項批評牽涉深層的個人因素。它取決於你的狀況和你的教育背景。比方說，假設有一位醫生，從醫學院畢業10年後就退休，可能就會被認為是在浪費自己的所學和資歷（更別說醫學院學生通常都背負就學貸款！）。但是當然，這樣算不算浪費完全取決於個人觀點。

我太太擁有航空與航太學的碩士學位。一些反對「FIRE」的人士認為她選擇提早退休是在浪費自己的所學和資歷，但我太太並不這麼想。她憑藉碩士學位提高了自己的薪資，而且擁有一段成功的職業生涯。然而，航空與航太學並不是她真正想要投入的領域。當我們辭掉工作，開始駕著一輛露營車遨遊全美國後，她立刻就愛上了這種自由的生活。

她把她的碩士學位忘得一乾二淨，享受著每一天都可以做任何自己想做的事的自由，量身訂做適合她（還有我們！）的每一天，一起去踏遍這個擁有廣大土地的國家。

你絕對不該
提早退休的理由

提早退休對某些人來說很棒，但並非適合所有人。對部分特定類型的人來說，與其提早退休，直到身體無法工作後再辭職會是更好的選擇。

這裡讓我來為大家說明一下提早退休的**幸福感鐘形曲線**。

下圖是一條典型的鐘形曲線：把鐘型曲線想像成一條時間軸。

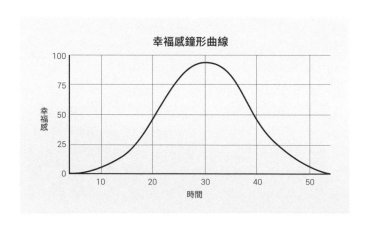

在曲線左邊的起始處，我們的幸福感相對較低。因為這個階段我們在上不想上的班、做不想做的工作。我們的壓力山大，可能還過勞而且怨恨老闆（你了解的）。我們覺得自己被困住而不知快樂為何物，我們想要辭掉工作，在餘生所有的時間裡無拘無束地去做自己想做的任何事情。這聽起來很酷對吧？

最後，我們打開了「FIRE」的大門。沒錯！我們終於可以丟出辭職信，於是，我們的幸福感一飛衝天（我正在曲線左側的上升階段）。我們快樂地像在世界之巔。鬧鐘已經被砸碎，我們想要什麼時候起床就什麼時候起床。我們一邊看著自己最喜歡的節目，一邊大口吃著奇多（Cheetos）。我們還在禮拜天晚上捉弄我們的朋友，因為他們隔天還要上班，而我們可以睡大頭覺。

我們對自己說：這才叫做人生！

然後，奇怪的事情開始發生。在提早退休生活幾個禮拜後，我們覺得有點焦躁不安。沒錯，起床後什麼事也不用做的日子曾經一度讓人覺得美好，但這時我們突然理解，生活不會是整天坐著看電視，因為這種快樂無法持久。

於是在某個夜晚你甚至可能會對自己說，「我今天沒有完成任何事」，然後擔心明天會不會也是一樣，有的只是更多的虛無。你只能看更多的電視或隨便找件事來做，好讓自己有忙碌的感覺。

現在，我們處於鐘形曲線的最頂端，我們的幸福感不再增加。事實上，它不再有波動。隨著時間一天天過去，你越來越擔心自己沒有可以做的事情。沒有事情能讓你覺得自己有生產力、

覺得有成就感。

接著，這輛情感雲霄飛車會開始隨著曲線右側往下衝。如果坐真的雲霄飛車，這會是讓我們尖叫興奮的時刻，但在幸福感鐘形曲線上，這感覺糟透了。我們的幸福指數在急速下降。我們因為無事可做而感到沮喪挫折。我們也會開始惹毛另一半。

「好吧，這樣真的不對勁！」你終於承認了。最後，你發現自己的幸福感又回到了起點。現在，你已經完整地體驗過一次提早退休的幸福感鐘形曲線起伏。而這並不是我們想要的提早退休樣貌。

我們的目標是要把這條鐘形曲線變成一條筆直的斜線，也就是讓幸福感不斷地提升。為了做到這一點，我們必須知道自己是為了什麼而想要提早退休。

提示：你不能只是為了「不必再工作」所以提早退休。對大部分的人來說，這個理由不夠充分。

你退休後想要做什麼？

如果你覺得這本書說的事情都很難實行，那麼至少有一點你一定可以做到：想想退休後自己要做什麼，而不是只想趕快從某個工作退休。

我們都知道自己不喜歡什麼，就是那「煩人的工作」或是「為那個人工作」。不喜歡每天早上 5 點就要起床、在週末還要到處

出差，而且每天都睡不飽。知道自己不喜歡什麼是很簡單的。

困難的部分是了解自己真正想要的是什麼。

一旦我們不再被全職工作的一大堆要求綑綁，那我們就會擁有完全自由的每一天。這聽起來像是一種不可思議的體驗（它的確也是如此！），然而如果你沒有什麼嗜好或想做的事情，那這完全自由的每一天就會把你（還有你的另一半！）給逼瘋。

我總是很忙碌。我喜歡寫作，也在社群媒體上教授人們有關財務自由的課題。這是我因為喜歡而做的事情。也因為喜歡所以幾乎從來沒有覺得無聊過。

如果退休後沒有什麼事情好做，你可能會發現自己想要回去上班。

在決定「FIRE」之前，你必須先知道自己的人生目標是什麼。什麼事情會讓你覺得有動力？如果不再需要工作，那是什麼原因會讓你一樣還是在早晨就起床？在一天結束的時候，做了什麼事情會讓你覺得有成就感和生產力？

對我們大多數人來說，這個問題需要花一點時間來思考釐清，如果你現在還沒有答案也不用擔心，這沒關係。

但是，我鼓勵你認真地想想這些問題，如果你的夢想是提早退休，你就必須找出答案。

如果你不知道該從哪裡開始，下面幾點提供你做為參考。

思考自己的價值觀：在這一點，「跟隨你的熱情」是很好的方法。想想對你而言，什麼是人生中最重要的事情。思考你的核心信念、熱情，還有可以為你帶來喜悅的事物。你的人生目標通

常就和這些你最重視的事物有所連結。

了解自己的長處：想想自己擅長的事物和擁有的技能。你的人生目標或許就可以是發揮這些長處來對世界產生正面影響。在提早退休後以此回饋你的社區，為世界帶來一點改變。

探索自己的興趣：想想空閒時間你喜歡做什麼，例如在晚上和週末的時候。從事什麼愛好或活動會讓你最有成就感？你真正的人生目標可能就在自己眼前，只是你還沒有察覺。

實驗：嘗試新事物並探索不同的機會（還記得習慣 #1 討論過的向機會說好？）。透過這樣的試誤（trial and error）或是意料之外的經驗，你或許就會發現自己的人生目標。接觸新事物能夠幫助揭露我們真正的人生目的。但也請你記得，你的人生目標可能會（也將會）改變，你不需要現在就全部了然於胸。如果你還不確定自己的人生目標，那也沒有關係。事實上，這也是實驗之所以充滿樂趣的原因。

如果你沒有什麼愛好，除了全職工作以外就不知道有什麼事情可以做，那麼你就沒有必要提早退休。

但是，財務獨立仍然應該是你的目標。因為實現財務自由可以讓你有所選擇，比方如果你不喜歡你的老闆，那你明天就可以辭職走人。或是橫越半個地球，搬到一個你想住下來的熱帶島嶼，只要到了那你有事可做就行。

即使經過思考後，你發現自己不需要提早退休，但財務獨立依然應該是你追求的目標。

還有下一步？

恭喜！到這裡你已經讀完了這本書大部分的內容，但是我們還沒結束。

我還會贈送你 3 個附加章節，來深入探討為什麼信用卡是可以幫助你省錢的金礦（只要正確使用）、如何和你的配偶談錢，以及揭穿我曾經聽過最糟糕的理財建議，有可能你也曾經聽過！請不要跳過這幾個章節，我之所以加入這些內容是有原因的，再者它們也可以幫助你在這本書裡學到的所有知識和技巧更加完備。

附加章節 1
為什麼信用卡是一座金礦

在不少人眼中信用卡並不是一個好東西，而且也有很好的理由如此認為。你知道嗎？截至 2022 年，全美國的信用卡債務總金額將近有 1 兆美元。

寫成數字就是 1,000,000,000,000，在 1 後面跟著 12 個零。

這實在是嚇人的一大堆零，沒錯吧？這也代表了一項龐大的財務負擔，因為大多數人的皮夾或錢包裡都有這一張方便好用的小塑膠卡片（你的錢包裡應該就不只一張吧？）。

然而，信用卡也有我們經常忘記或忽略的另一面。只要負責任地使用它，那麼信用卡提供的相關優惠措施，會讓它成為一項很划算的消費工具。

這裡的關鍵是責任。

如果你沒辦法在不累積債務的情況下使用信用卡，那你就不應該使用它。因為信用卡債務是你想要成為千萬富翁的巨大阻礙。

但是，如果你可以做到這點，那使用信用卡消費可以為你帶來驚人的好康。

使用信用卡消費的好處

獎勵：許多信用卡都有提供獎勵計畫，可以讓你在每次購物時同時賺取點數或是現金回饋。你可以把這些獎勵兌換成旅遊行程、商品、禮物卡或是帳單退款。事實上，比方當你在亞馬遜購物網站上要結帳時，還可以直接使用某些信用卡的點數付款。

方便：大多數的店家都接受信用卡付款，它也可以用於線上購物，因而取代現金成為一種更便利也更安全的付款方式；我們會在稍後的詐騙防護段落進一步討論。

累積信用：負責任地使用信用卡，可以幫助你累積你的信用評分，這對將來如果你需要申請房貸或信貸時能否通過非常重要。它還能夠幫助你在申請公用事業服務或是租房時，降低所需收取的保證金或押金。

詐騙防護：信用卡具有相較簽帳金融卡或是現金更好的詐騙防護功能。如果你的卡片被偷或是被盜用，你可以向發卡機構回報未經授權的消費，這樣你就可以免除必須支付該款項的責任。但如果是現金被偷，那麼你能做的補救可能不多。

購物保障：有些信用卡會為你購買的商品提供購物保障和保固服務，而且如果商品在購買後的特定時間內遺失、被偷或是損

壞，還會賠償你的損失。這讓許多大賣場搭配商品販售的延長保
固服務變得沒有必要。

旅遊優惠：有些信用卡會提供旅遊優惠，例如旅遊保險、免
費托運行李，以及機場貴賓室使用權益，不但可以省錢還可以讓
旅程更加舒適。我曾經去過幾個信用卡公司的機場貴賓室休息，
那真的讓我的長途旅行變得舒服許多。

但必須注意的是，這些好康會因為各家不同的信用卡，還有
你如何使用它們而有所差異。所以在申請信用卡之前請先仔細閱
讀服務條款及細則，並小心且負責任地使用，避免產生高利息的
債務。

信用卡詐騙手法

說到詐騙防護，讓我們花一點時間來聊聊犯罪份子竊取信用
卡資料幾種不同的方法。其中某些駭客手法不得不說真的非常有
創意。

信用卡詐騙通常會透過多種未經授權的存取方式，來竊取受
害信用卡上的個人資料，例如網路釣魚、側錄，或是利用網站上
的安全系統漏洞。以下是一些常見的駭客使用手法：

網路釣魚：駭客會發送詐騙郵件、短訊或是假冒銀行或信用
卡公司等合法來源撥打電話。這些訊息可能會包含一個和真實合
法網站很相似，實際上卻是詐騙網站的連結。當受害人點擊連結

在詐騙網站上輸入他們的信用卡資料時，駭客就可以獲取並使用這些資料進行詐騙交易。

　　側錄：駭客會在自動提款機或刷卡機上安裝側錄器。這種裝置會讀取信用卡上的磁條，並擷取儲存在信用卡內的資料。然後駭客就可以利用這些資料製作出一張複製的偽卡來進行詐騙交易。我們有一張信用卡就是在加油站被盜刷。很不幸的，信用卡側錄盜刷真的防不勝防。

　　惡意軟體：駭客會利用惡意軟體這類的小型應用程式，感染其鎖定的目標電腦或手機，在使用者進行網路購物時擷取信用卡資料。惡意軟體可能也會竊取使用者的帳戶密碼或是其他個人資訊，因此非常危險。提醒：有許多惡意軟體都是透過發送電子郵件散布。除非你確知來源無誤，否則絕不要隨便開啟郵件附件。

　　社交工程：能言善道的駭客會利用社交工程技巧誘騙受害者自動透露信用卡資料。例如，他們可能會假裝自己是某慈善機構或組織的代表，打電話給受害者要求捐款。要保護自己不受信用卡駭客詐騙，保持警覺並採取適當的安全措施非常重要，比方刪除可疑的電子郵件或連結、定期核對信用卡帳單（為了記錄自己每個月的開銷，你無論如何都應該要做到這一點），並且使用高強度的密碼和安全軟體。

　　提醒：如果你接到信用卡公司或是銀行打來的電話，不要猶豫，先掛斷後再打回去（而且不要用回撥，查明正確的號碼後自己撥號）。因為你永遠不會知道電話的另一頭到底是誰。其實，就在我寫這一章的時候，我太太接到一通電話，對方自稱是信用

卡公司，正在對我們帳單上的一筆詐騙消費進行調查。當對方要
求提供個人資料時，我太太立刻就掛斷了電話，隨後我打給信用
卡公司確認。結果可想而知，根本沒有任何信用卡公司人員打電
話給我太太。我們立刻就註銷了那張信用卡（註銷信用卡非常簡
單），又辦了一張新的卡片。這就是社交工程詐騙的其中一種類
型，透過電話以假身份要求民眾提供個人資料。

如何聰明地使用信用卡

　　現在，你已經了解使用信用卡消費有多麼划算而且好處多
多。它可以提供你各種防護和優惠，是你使用現金或是簽帳金融
卡付款時無法享有的。

　　要讓信用卡成為你的消費好幫手，關鍵就是你必須負責任地
使用它。下面就列出一些正確的信用卡使用方式。

1. 只把信用卡當做一個方便的付款工具

　　信用卡應該只被當做一個方便的付款工具使用，而不是拿來
花你沒有的錢。這表示你不會明明知道自己負擔不起，還是用信
用卡刷了一個 5,000 美元的商品，然後假設下個月（或是再慢一
點）應該就可以還清。這就是之所以會產生信用卡債務的原因，
而要消除這類債務非常困難。

　　如果你有信用卡債務，請利用習慣 #10 討論過的債務償還技

巧，優先並盡快地還清這類債務。

2. 選擇優惠最多的信用卡

要讓信用卡發揮最大的效用，就請你選擇優惠最多的信用卡。例如，有些信用卡在年底會提供現金回饋，有些則是可以用點數兌換旅遊相關的消費，像是機票、飯店住宿還有租車。

要注意許多卡片的優惠獎勵，只要在特定時間內消費達到特定金額門檻，原本的優惠還會加碼額外贈送大筆的點數。例如，只要在開卡後前 3 個月內消費滿 4,000 美元，你就可以得到加碼贈送的 60,000 點點數。

60,000 點點數？那你真的賺到了！但是請小心，千萬別為了只想要獲得更多點數就不斷地花更多的錢。你可能會覺得划算，然而事實通常並非如此。相反的，還是進行和平常一樣的消費，但使用新客戶開卡加碼贈送點數的卡片來結帳。這樣你每個月的開銷就不會有什麼變動，差別只是在收銀台前你用的是不同的卡片。

注意：「信用卡套利」是指某些人會利用信用卡優惠、現金回饋以及點數贈送等規定的漏洞進行圖利行為的技巧。目的是利用 1 張信用卡盡可能地累積大量的點數，然後以同樣的技巧一張接一張地如法炮製。專門從事信用卡套利的人可能會同時擁有 10 張或 15 張信用卡。

雖然不是專家，但是在我太太和我辭去工作踏上征服全美國的旅程之前，我們的確也有幾年曾經做了信用卡套利這樣的事

情。我們會去申辦點數獎勵最高的信用卡，然後在接下來的幾個月都使用那張卡片來滿足最低的消費金額要求，隨後再把獲得的點數拿去兌換旅行消費。這幫我們在機票、租車還有住宿的花費省下了好幾百塊美元。

持平的忠告：信用卡套利是一項進階的技巧，你必須隨時留意每張信用卡帳單之外，還要小心關注細節。如果你正在和信用卡債務戰鬥，或是不相信自己不會因此而過度消費，那麼只擁有1張或2張信用卡對你來說應該會比較安全。真想研究信用卡套利，就等到你養成負責任的信用卡使用習慣後再說。

3. 每個月都繳付帳單全額

這沒什麼好討價還價：如果你沒辦法每個月都繳付信用卡帳單全額，那就表示你花了太多錢。你必須能夠每個月都繳付帳單全額，這才符合本章一開始就提到的關鍵字，也就是負責任地使用信用卡。如果你的現金不足以支付帳單，那你就不應該使用信用卡。

每個月都始終毫無例外地繳付信用卡帳單全額。要幫助自己做到這一點，請設定你的主要薪資帳戶進行銀行自動轉帳扣繳信用卡款。你必須登入你的信用卡發卡銀行或公司網站來進行這項設定。設定完成後，它每個月就會自動進行。但是你必須留意自己的帳戶餘額，確保有足夠的金額進行繳付而不會發生透支。所謂透支意思就是你要從帳戶提領的錢，大於你帳戶裡剩下的錢。

舉例來說，假設你這個月的信用卡帳單是 1,500 美元，但你

的帳戶裡只剩下 1,300 美元。如果要繳付信用卡帳單全額就會有
200 美元的透支金額。通常來說，銀行會對每次透支收取 30 ～
35 美元不等的費用。不過有些銀行允許你在透支費用產生以前，
在限定的時間內存入足夠的金額。

附加章節 2
為什麼「追隨你的熱情」
不是一個好建議

「**追**隨你的熱情。」這句話我已經記不清聽過多少次;你大概也曾經聽過。就賺錢這件事來說,這句話是最糟糕的建議之一。

它聽起來是一句好話,沒錯吧?如果可以,我們都希望自己熱愛自己賴以維生的工作。

那麼這句話有什麼問題?因為對大部分人來說,這不但不切實際,而且還可能會傷害你職業生涯賺錢的潛力。

對大多數人而言,光有熱情沒辦法為自己帶來收入。我們擅長的事物才做得到。熱情通常是更富有想像力和創造性,相較現實面屬於更高的層次。另一方面,我們的專長則更為實際且具有分析性。當然不是沒有例外,但一般來說大部分的雇主會比較願意付更高的薪水給具分析性類型的工作,而不是創造性類型。

但這句話的問題還不只如此。

問題1：這句話假設我們的熱情永遠都不會改變

如果我們在十幾歲的時候就根據熱情步上我們的職涯道路，那在之後的人生階段，我們可能會發現自己想要尋求改變。

事實就是，對大多數人來說，自己所抱持的熱情是會改變的。我們在生活上的經歷，每年都會改變我們的熱情。當這種情況發生時，我們可能會發現自己不再喜歡自己的工作。因為自己30 歲時抱持的熱情，已經和 18 歲的時候不一樣。而為了反映新的熱情去換工作是非常困難的事情。

回想一下高中生活，那時你喜歡做的事情是什麼？很有可能你已經不再做那些事情了。在那之後你的生活經驗，如今已經塑造了新的熱情，也就是那些你在空閒時間喜歡做的事情。但 10 年後，它們可能會再次改變。

例如，我現在很喜歡寫作（所以才會有這本書！），但在我年輕的時候從來沒喜歡過。我覺得寫作枯燥無趣。但隨著經驗增加，我了解透過文字可以傳播好多好多的智慧。

問題2：這句話似乎認為工作應該都是有趣的

首先，我想說的是：我們都不應該從事自己討厭甚至是痛恨的工作 —— 我們當然沒辦法這樣度過自己的人生和職業生涯。但我們也必須面對現實：工作並非總是有趣的。而我們也不應該

總是希望我們的工作必須是有趣的,因為一旦抱持這樣的心態,到時可能會覺得失望,發現它不但不有趣,而且還充滿壓力和困難。如果這種情況發生在一份我們對其抱持著「熱情」的工作上,那會更令我們感到沮喪,因為熱情不應該充滿壓力。它應該是我們在空閒時間想從事的活動,因為我們不需要擔心它可不可以賺錢,或是能不能讓老闆還是客戶開心。

舉個例子,假設你喜歡藝術。我連畫一個東西要讓人可以辨認出來都很困難(這是事實),但你是一位運用筆刷的高手。你喜歡畫畫而且決定從事平面設計工作,也認為憑藉自己對藝術的熱情,可以讓你在這個領域如魚得水、輕鬆毫無壓力。這個想法有什麼不對?你沒考慮到平面設計工作的「職場」問題是你無法逃避的,例如極度不合理或根本不可能達成的交件期限。還有慣老闆、無薪加班、一天到晚跟你抱怨另一半的同事,再加上只知道自己不要什麼,不知道自己到底想要什麼的煩人客戶。

於是每天一回到家,你最不想做的事情就是畫畫。這是你好不容易從一整天的工作轟炸中解脫,可以想想其他事情的寶貴時間。因為很快的,隔天你又要回到辦公室,只為了讓自己原本對藝術的熱情,變成一份惱人又充滿壓力的全職工作。

問題3:全職工作會摧毀熱情

我在前面提過這一點,這一段讓我們直接且完整地來進一步

討論：如果我們的熱情投注在一份惱人又高壓的工作上，那這份工作的一些負面元素，就可能會摧毀任何我們曾經對其所懷抱的熱情。

如果有人喜歡績效考核或是沒有重點的會議，還是坐在不太舒服的小隔間裡加班，麻煩請舉個手讓我看看。有任何人會喜歡這些事情嗎？

工作有太多讓大多數人都不喜歡的地方。而我們最不想做的，就是讓自己喜歡的事情和不喜歡的工作相關事務有所牽扯。

我一直都對攝影充滿熱情。我高中的時候曾經在一家照相館工作，而且在我爸媽房子的地下室有自己的暗房，我在那裡自己沖洗膠捲和 8×10 的底片，那真是樂趣無窮。到現在我依然樂在其中，因為我沒有選擇把攝影做為自己的職業。取而代之的，我進入資訊產業成為了一名軟體工程師，這是一個薪資更高工作機會也更多更好的領域。

問題4：你有熱情的事物不一定是你的強項

老闆之所以願意付薪水給我們，是因為我們擅長他們需要的工作、能夠勝任他們需要的職務。如果你擅長數學，那你可能適合從事會計工作。如果你文采出眾，那也許你可以為出版社撰寫技術手冊或是編輯稿件。但是我們的熱情在許多情況下都是針對具有高度創造性的活動，兩者的性質並不相同，不是嗎？

　　我們可能對某項事物擁有熱情，即使我們很喜歡做這件事情，卻不一定就擅長它。這就是熱情之所以為熱情，我們不需要因為擅長某事才會對它存有熱情，而純粹只是因為喜歡。舉例來說，有太多比我還要更優秀的攝影師，更優秀的圖片編輯，同時使用更好的設備。但那又如何？這根本無關緊要。因為我不一定要成為最好的攝影師才能夠享受攝影的樂趣。事實上就因為如此，反而讓這件事變得更有樂趣。這只是因為我自己喜歡而做的事情，不是為了讓客戶或是雜誌編輯喜歡我的作品。

　　我們的熱情不像我們的專長一樣能夠幫我們帶來收入。

　　我們的專長可能是我們天生或是經過學習後所擅長的事物，通常也具有更多的可分析性。像是數學和科學、解決問題、行銷和商業等學科，都是市場所需要的技能。許多雇主都在尋找具備這些技能的員工。而平均來說，這些技能也能夠帶來較長遠且薪資也較高的職業生涯。

問題5：你可能不知道自己的熱情是什麼

　　大部分的人在年輕時就選擇了自己的職涯道路。我們上大學、取得學位，然後進入職場準備開始工作賺錢。但是如果我們不知道自己對什麼有熱情，那怎麼辦？

　　這種情況可能要比你意識到的更常發生。很多時候，熱情並不那麼顯而易見，尤其是當我們年輕的時候。

　　因此「追隨你的熱情」並不是一個好的建議。那麼你應該要怎麼做比較好？

　　我鼓勵每個人追隨你的**長處**。

　　我們的長處通常是我們天生就擅長的事物，而且幾乎不需要什麼努力就可以做得很好。

　　還記得那個在科學課上不費吹灰之力就全部拿 A 的渾蛋？而你拚了老命卻連一條簡單的公式都還不一定能記得住。沒錯，這就是我所說的長處。雖然長處這東西在人生的過程中可能（也的確）會改變，但它不會像我們的熱情那樣，可能會快速而且徹底地改變。

　　我對電腦相關的工作很在行。建立網站和編寫電腦程式對我來說就像吃飯那麼自然，所以我就以能否發揮這項專長為標準來選擇職業。但相信我，我對電腦並沒有什麼熱情。我不會每天一大早就爬起來，只為了組裝我的下一台電腦。沒這回事。

　　但是我做出追隨自己長處的這項決定，讓我步上了一條高薪的道路，不僅幫助我快速地累積財富，也讓我有時間可以去追求自己抱有熱情的事物，不需要擔心它能不能為自己帶來收入。

　　總之，我們的長處更容易幫助我們謀生。比方說，在我們之中有些人是天才型的行銷高手。有些人則擅長編寫複雜的數學演算法。而你可能是一個與生俱來的「社交專家」，擅長管理人力資源。全世界各地的老闆都在尋找具備這些技能的人才，而且願意支付高薪延攬。

　　不過有多少人會對人力資源管理充滿「熱情」？應該是不會

太多。畢竟，有誰會喜歡整理堆積如山的文書工作、排解員工的糾紛，還要處理員工們雞毛蒜皮的牢騷和投訴？但是，你公司的人力資源主管很擅長這項工作，而且收入不菲。

在辦公室發揮你的專長，代表你回到家可以完全地投入自己抱有熱情的事物，而且不需要把它變成一項能夠賺取收入的全職工作。換句話說，我們不應該強迫自己抱有熱情的事物必須為自己帶來收入。相反的，我們應該只是因為喜歡做某件事，而自由地投入我們的熱情。

別忘了，大部分的人都知道自己擅長什麼，即使是在還很年輕的時候。有些人的數學或科學特別好，有些人則是語言或歷史特別突出。

在求學時，我們可以很容易了解自己有何天賦。追隨你的長處而不是熱情，可以讓你更輕易地踏上一條高薪而且發展更為長遠的職涯道路。

附加章節 3
如何和你的另一半談錢

在金錢問題上的意見分歧是導致離婚第二大的因素,僅次於出軌。對許多夫妻來說,「談錢」是非常可怕的事情,所以他們根本不談。

但這是一個很大的錯誤。

在我和我太太實現「FIRE」以前,我們幾乎每天都會談錢。晚餐後,我們會帶著兩隻狗狗到附近散步,然後討論我們想要的未來是什麼樣貌。我們什麼都聊,從開著一台露營車遊遍全美國的夢想,到我們需要多少錢才能實現這個夢想。我們因此而了解我是一個風險承受能力較高的人,而我太太則比較傾向迴避風險。我想要馬上就退休!我太太則更實際一點。

了解彼此的風險承受度有助於設下一個對未來實際且方向明確的展望。我太太知道我隨時都準備好要退休,但我知道她比較想再工作久一點,以確保我們退休時擁有足夠的資金。

　　事實上，我可能曾經跟她說過，「親愛的，一旦你認為我們已經擁有足夠的資金可以退休時，請馬上告訴我。我就會提早 2 個禮拜在那一天把我的辭呈交出去。」

　　這些對話形塑了我們的後工作階段生活。了解我們的夢想後，有助於我們由反向進行實踐，規劃達成夢想的道路。

　　我知道這對每個人來說都不是這麼容易的事情。我們的財務決策是非常情感取向的，而和你的另一半討論自己的情感也許會讓你覺得害怕。

　　下面列出的 10 種方法可以幫助你在跟你的另一半談錢時更輕鬆自在：

　　安排談話時間：與其突然給對方一個驚喜（「親愛的，你現在有空嗎？我想我們應該來聊聊這個月的開銷……」），你們最好挪出特定的時間來討論財務問題。這樣的話，彼此都可以先做好準備，避免因其他事務分心或被打斷。記得要挑選雙方都心情平和而且放鬆的時間，避免在任一方面臨壓力或是心情不好的時候。如果你們需要外出用餐順便聊這個話題，因為在家裡的話有太多事情會轉移你們的注意力，那就出去談也無妨。

　　保持誠實坦率：討論金錢問題時保持誠實和坦率非常重要。和你的另一半分享彼此的財務目標、憂慮以及面臨的困難。討論彼此的收入、花費還有債務。了解自己的財務狀況，清楚自己想要達成的目標。對方說話的時候耐心仔細地聆聽。

　　傾聽另一半的心聲：想要達到有效的溝通，主動傾聽非常重要。你必須傾聽另一半對金錢的想法和顧慮，不打斷對方或進行

評斷。鼓勵對方說出自己的意見、希望還有夢想。確認對方的看法，即使你不同意。記住，溝通是雙向的交流。在金錢議題上意見不一致也沒關係（事實上這很常見）。承認彼此對這個問題的認知差異，進行腦力激盪來克服歧見非常重要。

切勿責備或斥吼另一半：如果就財務問題責怪或把錯誤歸咎於另一半，那會讓對話急轉直下，而導向一個不健康的方向。相反的，雙方應該聚焦在一起找出解決方案，而不是就歧見指責彼此。避免有先入為主的想法，或是貿然就下結論。為自己的行為負責，努力尋找因應對策。光是責怪另一半無法解決任何問題。

建立共同目標：實現財務目標唯一的方法，就是不要只光在腦袋中想像，把它攤到桌面上來。討論你們的財務目標，訂定一個共同實現它們的計畫。確立短期目標和長期目標，例如還清債務、存退休金、買房甚至是提早退休。制定符合財務目標的生活費支出，然後堅持下去。

分攤財務責任：任何一方都不應該需要承擔絕大部分的財務責任。相反的，應該根據專長和喜好來分配財務責任。比方說，其中一方可能很擅長管理帳務，另一方則擅長投資。清楚確認由誰負責管理帳務、進行投資或存下緊急備用金。別忘了，你可以利用財務自動化系統，來讓帳單支付、儲蓄以及投資更簡單輕鬆。

對折衷方法保持開放心態：在感情關係中牽涉到金錢問題時，妥協是無可避免的。必須對折衷方法抱持開放心態，並找到彼此都接受的解決方案。如果雙方對未來的夢想有不小的歧異，討論一下如何在存有差異的情況下實現它們，或是把它們調整為

你們共同的夢想。

尋求專業人士的幫忙：如果你們兩個人沒辦法做出彼此都接受的財務決策，那麼尋求合格的諮詢顧問或是理財規劃師幫忙也沒什麼不好。理財規劃師或是諮詢顧問能夠幫助你們制定一個如何管理財務並達成財務目標的理財計畫。他們也可以提供公正的建議和扶持。

保持耐心和恆心：談論金錢問題是一項持續的過程。對此打造健康和開放的溝通管道需要時間、耐心還有恆心。所以你必須保持耐心和恆心，即使溝通遇到困難。記住，你們的目標是一起努力創造一個更好的財務未來。你不需要期待第一次和對方坐下來談話後，就可以把所有的問題都釐清。但只要你們聊得越多，就越可能在某一天找到彼此都能接受的中立觀點。

為你們的成功慶祝喝采：最後，一起為你們的成功慶賀。當你們實現了一項財務目標，或是距離實現目標更加接近，就一起慶祝一下（就算需要額外花一點錢也沒關係）。認可彼此的努力和成就。這樣能夠讓你們的關係更加緊密，並鼓舞你們一起繼續朝向最終目標前進。

結語

到這裡，你真的已經讀完這整本書了！

我希望你充分感受到閱讀這本書的樂趣，就像我在寫它的時候也樂在其中。養成這些千萬富翁的習慣，可以幫助你變得比自己想像中還要來的更富有而且更成功。我已經在很多人身上看到這樣的事情發生。

關鍵是要對改變和嘗試新事物保持開放的心態，不要給自己找一個不去嘗試的理由（藉口）。相反的，要找到認真對待金錢的動力，然後適當地培養這些習慣。為了你的未來也為了你的家人開始行動。

我和我太太一路走來深刻體驗到一點，就是改變極為困難。要徹底地改變自己的生活和花錢方式真的不容易。而最難的部分就是踏出第一步。一旦我們開始行動，一切都會變得越來越簡單。只要按部就班去做，那下一個步驟一定會比上一個更容易。

　　我並不是一夜之間就從一個揮霍無度存不了錢的人，轉瞬間突然達成經濟獨立。我是花了好多年的時間才實現它。所以，別預期這個過程會很輕鬆。但你必須明白，只要踏出第一步，那你就已經克服了這條路上最大的障礙，之後就都是不用費什麼力氣的下坡。

　　我之所以寫這本書是因為對你抱有巨大無比的信心。我知道你可以實現它。

　　我想你應該也相信自己能夠做到。

致謝

如果沒有我太太寇特妮的幫忙、耐心和理解（還有一路來對我的遷就），這本書不可能完成。在整個寫作過程中，妳對我的夢想抱持著堅定的信念，還有持續不斷的鼓勵和耐心，這些付出全部都沒辦法計算和測量。妳的愛和體諒激發了我的決心，我會永遠感謝能夠有妳陪伴在我身邊。

而對我的家人，感謝你們一直以來的支持和諒解。你們的愛和鼓勵，在我追求經濟獨立和撰寫這本書的過程中舉足輕重。我感謝你們做出的犧牲還有對我的信任。

我要誠摯地感謝我的編輯和出版團隊付出珍貴無價的努力（這真的不容易！）。你們的指導、專業，還有即使辛勞也毫不倦怠的態度，把我腦袋中的構想，變成一本前後連貫、有條有理而且具影響力的書籍。感謝你們的耐心、奉獻，而且相信《致富習慣》這本書擁有龐大的潛力。

我非常感謝我的良師益友以及顧問們，你們的智慧和指導，塑造了我對建立財富和個人發展的領會。你們的洞見和鼓勵彌足珍貴，對你們一直以來的支持我深表感謝。

我的朋友和同事們，感謝你們堅定不移的支持和鼓勵。在這段旅程中，你們對我抱持的信念還有對我的勉勵，始終激勵並推動著我。我感謝無數願意和我分享故事和經歷的人，尤其是在社群媒體上的網友們。你們的坦誠及樂意分享知識和見解，豐富了這本書，我非常感謝你們無私的貢獻。

最後，我要向所有《致富習慣》這本書的讀者表達感謝。你們對這本書的關注還有探索創造財富的習慣之意願，讓我無比地謙卑且感激。我希望這本書中的理念，能夠帶給你力量，踏上實現財務富足和自我實現的道路。

謝謝每一個加入這段不思議旅程的你。

衷心地祝福

　　　　　　　史蒂夫‧艾德卡克（Steve Adcock）

關於作者

本書作者史蒂夫・艾德卡克（Steve Adcock）42 歲，和他的太太寇特妮（Courtney）還有兩隻狗狗，一起在美國西南部的沙漠地帶生活。夫妻倆分別在資訊科技跟航太工程領域工作 15 年後，賣掉了自己的房子，買了一輛 Airstream 露營車，就開著它上路，「全職」地在這個 200 平方英尺的「銀色子彈」裡生活了 3 年。2019 年，他們賣掉了這輛露營車，在美國西南部沙漠地帶的一間太陽能自給自足式房屋定居下來。

寇特妮曾經是一位火箭科學家（貨真價實一點不假），高收入加上生活成本節省，讓他們在 35 歲時就辭去工作。

史蒂夫把大部分的時間都花在社群媒體上，並撰寫了一份讀者成長迅速，名為《致富習慣（Millionaire Habits）》的時事通訊，你可以到 Homepage - Millionaire Habits 查看。

致富習慣：

改變 10 個生活小細節帶來巨大財富

作者：史蒂夫・艾德卡克（Steve Adcock）
譯者：劉大維

總編輯：張國蓮
副總編輯：李文瑜
責任編輯：周大為
美術設計：楊雅竹

董事長：李岳能
發行：金尉股份有限公司
地址：新北市板橋區文化路一段 268 號 20 樓之 2
傳真：02-2258-5366
讀者信箱：moneyservice@cmoney.com.tw
網址：money.cmoney.tw
客服 Line@：@m22585366

製版印刷：緯峰印刷股份有限公司
總經銷：聯合發行股份有限公司

初版 1 刷：2024 年 6 月

定價：450 元

國家圖書館出版品預行編目（CIP）資料

致富習慣：改變 10 個生活小細節帶來巨大財富 / 史蒂夫 . 艾德卡
克 (Steve Adcock) 作；劉大維譯 . -- 初版 . -- 新北市：金尉股份有
限公司 , 2024.06
　面；　公分
譯自：Millionaire habits : how to achieve financial independence,
retire early, and make a difference by focusing on yourself first

ISBN 978-626-98574-4-9(平裝)

1.CST: 個人理財 2.CST: 財富 3.CST: 生活指導

563　　　　　　　　　　　　　　　　　113007736

Money錢

Money錢

Money錢

Money錢